Heinz Florian Oertel

Halleluja für Heuchler

Das Neue Berlin

Heuchelei gibt Geld's genug,
Wahrheit geht betteln.

Martin Luther

Ich heuchle
du heuchelst
er heuchelt
sie heuchelt
es heuchelt
wir heucheln
sie heucheln
ihr heuchelt

Jesus warnte vor falschen Propheten,
die in »Schafskleidern zu euch kommen, inwendig aber reißende Wölfe
sind.«

(Matthäus 7, 15)

»Selig sind die Friedensstifter, denn
sie werden Söhne Gottes heißen.«

(Matthäus 5, 3-12)

Halleluja

Was meint das?

Damit wir gemeinsam sattelfest sind, hier die bald zweihundert Jahre alte Erklärung aus dem immer wieder bestaunenswerten Leipziger Brockhaus, exakt:

Bilder-Conversations-Lexikon
für
Das deutsche Volk
Ein Handbuch
zur Verbreitung gemeinnütziger Kenntnisse
und zur Unterhaltung
von 1838

Also – Halleluja:

ein hebräisches Wort, welches »Lobet den Herrn« bedeutet und in den Psalmen häufig vorkommt, seines feierlichen Klanges wegen aber in den Übersetzungen beibehalten und auch in den Kirchengesang aufgenommen worden ist.

Und wie steht's mit

Heucheln?

Hetairen, Heu, Heuschrecken, Hexe …
mithin: in diesem Brockhaus nicht zu finden!

Also Buchwechsel.

Meyers Konversations-Lexikon
Fünfte Auflage, Achter Band, 1895
Auf Seite 762:

Heuchelei, die absichtliche Hervorbringung eines guten Scheins, um andre über unsere Persönlichkeit zu täuschen; ist als beharrlich fortgesetzte Lüge im höchsten Grade verwerflich.

Danke den Altvorderen und ihrem Wissen.

Damit sind wir mittendrin und ich in meiner Absicht, anno 2011, Halleluja-ischem und Geheucheltem auf die öffentliche Spur zu kommen, denn da gibt's jede Menge. Deswegen konzentriere ich mich auf »meine Welt«, also auf von mir jahrzehntelang Erlebtes. Speziell im Sport, aber auch mit Radio und Fernsehen.

Naja, und da und dort …

Einverstanden?

ABER: Um nicht als miesepetrischer Marathon-Miesmacher zu gelten, will ich im 84. Lebensjahr nach allem Erlebten und voller Dankbarkeit ebenso Gutes kommentieren; frei nach Erich Kästners »Es gibt nichts Gutes, außer: Man tut es.«

Weil ich in – sage und schreibe – *vier* deutschen Geschichts-Etappen leben durfte, noch leben darf, versuche ich das mit bestmöglichem Wissen und Gewissen.

(1) Alle Menschen sind vor dem Gesetz gleich.

(2) Männer und Frauen sind gleichberechtigt.

(3) Niemand darf wegen seines Geschlechtes, seiner Abstammung, seiner Rasse, seiner Sprache,
seiner Heimat und Herkunft, seines Glaubens,
seiner religiösen oder politischen Anschauungen
benachteiligt oder bevorzugt werden.

Grundgesetz für die Bundesrepublik Deutschland
vom 23. Mai 1949

Mein Grundgesetz

Wieso *mein* Grundgesetz?

Weil es allen 80 Millionen Deutschen gehört (gehören sollte), und weil ich es für eine sehr gute Verfassung halte. Für mein direktes Leben gilt das erst seit nun gut zwanzig Jahren, doch das ändert überhaupt nichts an der »grundsätzlichen« Wertschätzung. Eher: Das Gegenteil ist und bleibt richtig. Ein prima G-Gesetz.

Was mir nicht gefällt: Es wird »grundsätzlich« und in der »Bundesrepublik-Wirklichkeit« viel zu oft dagegen verstoßen und – nichts geschieht.

Wie ist das möglich?

Wie sieht es aus mit den Verletzungen der im Artikel 3 dargestellten Gleichheit vor dem Gesetz?

Alles auf dem Papier beifalls- und lobenswert. Aber in der Praxis? Frauen werden immer noch und immer wieder in miserabler Art und Weise benachteiligt. Sie sind in deutschen Führungs- und Leitungsetagen kaum vertreten. Dass uns derzeit eine Frau bundeskanzlerisch regiert, ist für deutsche Geschichtsverhältnisse sensationell. Doch das »Nach-unten« sieht auf allen Ebenen anders aus. Ganz anders. Immer noch und immer wieder. Und »politische Anschauungen« bestimmen durchaus von den Städten und Gemeinden, von Kreisen bis zu Ländern Bevorteilungen und Benachteiligungen. Statt Können, hohem Wissen, bestmöglicher Fachlichkeit bestimmen Parteizugehörigkeit, wer das Handeln hat. So ist es schon – freundlich ausgedrückt – erstaunlich, wie es Wahlbürger hinnehmen und sogar selbst verantworten. Vielen ist neben den Grundgesetzartikeln 1-3 auch Artikel 21 nicht bekannt. Inhalt: Die Parteien wirken bei der politischen Willensbildung des Volkes mit. Ich wiederhole: *mit!* Und nicht mehr!

Das hohe C

Nein, nicht das aus unserer Tonleiter c-d-e-f-g a-h-c ist gemeint. Das von Caruso bis Peter Schreier dringlich gebrauchte tenorale Super-C. Hier und heute geht es um das hochpolitisch-bestimmte C – C wie Christus, wie christlich.

Wer alles beruft sich darauf, was alles bezieht sich darauf, heute, 2011 Jahre nach Christi Geburt ...?

Pater und Parteien. Päpste und Politiker. Aber auch Piesepampels.

Der große, geschichtlich riesengroße C-Geber Jesus Christus von Nazareth, der Messias, müsste sich oft im Grabe umdrehen. Jesus und seine Geschichte lockten und locken zu jeder Zeit, seit 2011 Jahren, auch Heuchler in Scharen. Und, Gott sei Dank, immer und immer wieder, von Generation zu Generation, Millionen überzeugte, ehrliche Christen-Menschen.

Bei meinem jetzigen Überdenken las ich erneut bei Peter Hahne nach. Viele Menschen, Christen und Nichtchristen, kennen ihn vom Fernsehen. Mir bedeutet der studierte Theologe und Journalist beste Quelle. Hahne fordert »entschlossenen Mut entschiedener Christen«, und »sie müssen die Konfrontation mit dem Zeitgeist aufnehmen« und »das bedingt einen kompromisslos-radikalen, an der Bibel orientierten Lebensstil«.

Solches, fast spätpreußisches Denkbefehlen, deutet vielleicht auf einen Toleranzdefekt, was ich jedoch nicht glaube. Hahne ist lebensnah, okay. Mich regte es an, nachzublättern, nachzulesen, und ich fand. Friedrich I., einer aus dem alten Herrscherhaus der Hohenzollern, verfügte bereits vor Generationen königlich: »suum cuique«, Jedem das Seine. Mithin, es gilt bereits Hunderte Jahre, und schon deshalb sollte es noch heute dringliche Gültigkeit besitzen.

Aber, nie zu vergessen: Was für Hinz das große C, ist für Kunz vielleicht was ganz Normales.

Heuchelfrei betrachtet.

Indes, sicher wie das Amen in der Kirche ist auch, ohne C-Blick lässt sich das meiste Heutige kaum überblicken und bewerten. Dann wäre man ziemlich gestrig.

Deshalb nun auch hier nicht länger gefackelt.

Hinein ins volle Menschenleben. Da geht es rund. Und sollte es beim Rundumblicken Verstimmungen geben, was bedeutet das heute noch, da es vieles gibt, was nicht mehr stimmt.

Die Bergpredigt, heute

Bitte zur freundlichen Kenntnisnahme: Ich bin weder Moralprediger noch christlicher Meisterheuchler. Aber ich nehme großes Interesse an allem Politisch-Heutigen, und selbstverständlich zählt dann Christ-Parteiliches ganz besonders dazu. Immerhin spielen in unserer Gesellschaft CDU und CSU wichtige Rollen. So erklimme ich auch sehr gern die Gedankenstufen, die hinauf zur Bergpredigt führen. Liege ich richtig, werte Kundige, wenn ich das besonders ernst nehme?

Jesus wies an, nicht über andere Menschen zu richten. Und er erklärte zum höchsten aller Gebote:

Liebe Gott und deinen Nächsten wie dich selbst.

(Matthäus 22, 34-40)

Ist es zu versponnen, wenn ich annehme, die allermeisten Christenmenschen richten sich danach und handeln so …? Auch – oder vor allem – christdemokratische Politiker aller Ebenen?

Ich hüte mich, Vergleiche zu anderen Glaubensbindungen zu ziehen.

Wir gehören, so oder so, speziell gebunden oder nicht, zu dem seit 2011 Jahren Geschehenem. Zu gern wüsste ich jetzt über Ursächliches mehr, und das vor allem von unseren derzeit bestimmenden Politikern, Christpolitikern voran. Ist das Matthäus-Wort Schnee von gestern oder eben nur Deklamation? Oder, das wäre sensationelle Feststellung, Bestimmung jeglichen Handelns ...?

Ja, und ich frage noch: Lieben Sie den Nächsten wie sich selbst? Doch nun klettere ich den Verheißungs- und Anspruchberg hinunter.

Es wird sehr irdisch und dramatisch.

Hier ist das 5. Gebot:

Du sollst nicht töten.

Dazu hätte ich viele Fragen. Zu Früherem und Jetzigem. Ich nenne nur diese: Wie wird das, 2011 Jahre nach Christi Geburt, heutigen Soldaten erläutert? Ebenso spannend wird es, das 8. Gebot zur Wahrheitsprüfung zu stellen. Ich frage vor allem Politiker und Polit-Journalisten:

Du sollst nicht falsch Zeugnis reden wider deinen Nächsten.

Gerade damit wird viel Dreck geworfen. Der Journalismus, oder das, was man dafür hält, entwickelte viele Winkelzüge, die heuchelnde Bemerkungen treffsicher machen. Einfachste, aber immer wirksame Variante ist das Fragezeichen-Setzen:

Meier ein Mörder?

Schulze ein Schuft?

Krause ein Kaputter?

Tja, das alles ist bergiges Gelände. Schluchten da und dort.

Meine Bibel

Sie ist schön und dick, 1440 Seiten, und schwer. Eine Dürer-Bibel. So weit, und so weit auch schön und gut.

Doch wenn ich seitenlang und von Kapitelchen zu Kapitelchen versuche, mich mit Halleluja und Heucheln auseinanderzusetzen, wächst von Seite zu Seite Selbstkritik. Brennendste Frage ist und bleibt: Wie sehr ist jeder von uns Heutigen bereit, sich selbst zu Heuchlerischem zu bekennen?

Hier hapert's heute, haperte es bisher immer, und – es wird so bleiben.

Nun müssten nach solcher Behauptung fast alle Zeitzeugen, Zeitgenossen ringsherum fuchsteufelswild wütend aufspringen und drohend reklamieren, und vor allem, also spitzenkräftig, müssten es alle C-Gebundenen. Die Wut-Reihenfolge müsste dabei sein: erstens alle C-Kirchlichen, zweitens alle C-Politischen, drittens alle C-Journalisten. Ich weiß, niemals ist solches Echo zu erfahren, weil es die Gemeinten kaum juckt und sie erfahrungsgemäß nach dem bewährten Motto handeln, so zu tun, als ob es Beschriebenes und Beschreiber gar nicht gibt. Wegducken, Weghören, Weglesen, Wegdenken zählt zum Heuchler-Repertoir. Selbstverständlich auch zur Grundausstattung aller Menschen. Recht so?

Doch zurück zur Bibel. Zu meiner Bibel.

Schon das Vorwort von Prof. Dr. Christoph Stölzl ist interessant. Immerhin lernten wir Neubundes-

republikaner ihn erst nach 1990 kennen, als General-
direktor a. D. des Deutschen Historischen Museums.

Mich als Neu-Bibelüberdenker fesselt vorrangig
das Buch der Sprüche. Und dort, wo es um Schätze
der Weisheit geht. Im Teil 12 um Lüge und Wahrhaf-
tigkeit. Teil 13: Segen und Gefahren des Reichtums.
Teil 18: Streitsucht und Geschwätzigkeit. Teil 28: Ge-
rechte und Frevler, Fromme und Sünder, Arme und
Reiche. Und im Buch der Prediger das zum »Nutzlo-
sen Reichtum«.

Letztgenanntes greife ich ganz besonders auf zum
umfassenden Fragen.

Wer der heutigen Gläubigen in unserer Gesellschaft
und anno 2011 greift alle diese Fragen und Probleme
im Journalistischen von Presse, Radio und Fernsehen
im Alltäglichen auf und – wem der Gestalter dient es
verpflichtend zum persönlichen *Vorleben*?

Wo und wie stimmen Bibel-Kenntnisnahme und
Bibel-Haltung überein?

Die Zehn Gebote

1. Ich bin der Herr, dein Gott. Du sollst nicht andere Götter haben neben mir.

2. Du sollst den Namen des Herrn, deines Gottes, nicht unnütz gebrauchen; denn der Herr wird den nicht ungestraft lassen, der seinen Namen missbraucht.

3. Du sollst den Feiertag heiligen.

4. Du sollst deinen Vater und deine Mutter ehren, auf dass dir's wohlgehe und du lange lebest auf Erden.

5. Du sollst nicht töten.

6. Du sollst nicht ehebrechen.

7. Du sollst nicht stehlen.

8. Du sollst nicht falsch Zeugnis reden wider deinen Nächsten.

9. Du sollst nicht begehren deines Nächsten Haus.

10. Du sollst nicht begehren deines Nächsten Weib, Knecht, Magd, Vieh noch alles, was sein ist.

Papiernes

Von der Wiege bis zur Bahre begleiten uns Papiere, Papiere, Papiere. Ob alle wirklich wichtig waren,
wichtig sind …? Ich fand jetzt endlich beim nerven-
den Kramen und Suchen meine Ur-Papiere. Dabei
die Lebens-Nr. 1: Geburts- und Taufbescheinigung.
Ein Cottbuser Küster namens Wantulla unterschrieb
sie am 8. Juli 1928. (Damit kein Irrtum entsteht: Geboren bin ich bereits 1927 …)

Bei diesen angegilbten Papieren befindet sich auch
eine Erinnerung an die Konfirmation, die bestätigt,
ich sei zum Heiligen Abendmahl zugelassen. Na bitte. Und dann folgt noch ein Denkspruch zur lebens-
langen Begleitung:

Unser Glaube ist der Sieg,
der die Welt überwunden hat.

Nach 1. Johannes, 5, 4

Noch nie in den zurückliegenden Jahrzehnten dachte
ich darüber so intensiv nach wie heute. Was ist Glaube, Christenglaube? Und die für mich dringlichsten
Fragen: Was war christlich an den beiden Weltkriegen, die vor allem deutsche Christen zu verantworten haben? Das verbrecherische Töten von Millionen
Menschen in vielen Ländern Europas? Wie lässt uns
das ruhig schlafen? Wie verhielten sich die deutschen
Kirchen? Überhaupt alle Kirchen mit allem Kirch-
lichen bis hin zum Papst?

Und, nichts ist zu vergessen vom Schrecklichsten des Schrecklichen: die sogenannte »Endlösung der Judenfrage«, das Einrichten von Konzentrationslagern; über 5 Millionen wurden getötet, gemordet … Ja, ich kenne, ich höre die Äußerungen: Warum schon wieder und immer noch dieses »Aufwärmen«, mal muss doch Schluss sein …? Nein, es kann niemals Schluss sein! Geschehenes bleibt Geschehenes, ist unvergängliche Geschichte.

Schlaglöcher

Jawohl, ein Großteil unserer Straßen sieht bescheiden aus. Noch bescheidener sind die Ausreden der Verantwortlichen. Entspricht das vielleicht derer bescheidenen Eignung? Naja.

Mir geht es immer noch und immer wieder um die Schlaglöcher auf der Straße unserer Vereinigung, Wiedervereinigung. Mein Kommentieren richtet sich nicht nur an eigenen Erfahrungen aus, sondern bezieht sich auf neuerliche (Veröffentlichung November 2010) Werte des Deutschen Instituts für Wirtschaftsforschung (DIW). Es sind Langzeitbeobachtungen mit Langzeitbefragungen von über 20 000 Menschen im Osten und Westen. Es ging dabei nicht nur um materielle Aspekte, sondern ebenso um Lebensauffassungen, Wertevorstellungen. Dass es dabei weitestgehend seriös zugeht, ist vorauszusetzen, und die umfassende Arbeit solcher Institutionen ist anzuerkennen.

Akzeptieren wir das Gesamturteil. Demnach wuchs wieder etwas mehr zusammen, was – richtig! – zusammengehört. Gut so.

Und dennoch treten wir immer wieder in Schlaglöcher, die so zahlreich nicht mehr sein sollten, sein dürften. Hier nur das Wesentlichste.

Frauen!

Noch immer werden sie misskreditiert. Schlaumeier und bewusste Negierer müssen es sich gefallen lassen: Das war in der DDR besser! Ich weiß, wie jetzt Herrschende zusammenzucken, wie geflucht wird und die Litanei der Verdummung gesungen: ewiggestrig, ostalgisch, undankbar. Lasst sie so zetern! »Die einfachsten Wahrheiten sind es gerade, auf die der Mensch immer erst am spätesten kommt«, so Feuerbach zur Beurteilung der Schrift »Das Wesen des Christentums«.

Jeder, der will, wirklich will, könnte sich mit den Fakten vertraut machen. Hier nur: Frauen standen, klar, nach Befähigung, alle Türen offen, auch die, wo Männer fest die Klinken hielten. Und: Frauen wurden exakt wie Männer bezahlt! Hier und heute werden sie meist mit 75 Prozent abgespeist.

Zweitens, von vielen ähnlichen Beispielen, hierzu hatte der ehemalige Bundesarbeitsminister Norbert Blüm schon vor einigen Jahren kritisiert: »Das muss sich nun endlich zum 20. Jahrestag der Vereinigung ändern ...« Nichts geschah, nichts geschieht, nicht einmal mehr aufschiebende, tröstende Daten gibt es. Manche Verantwortliche müssten sich schämen. Und, noch ein Kinnhaken, mit den Renten West, Renten Ost verhält es sich ähnlich. Wenn dennoch Ost-Frauen da und dort bessere Renten als Westfrauen beziehen, liegt es daran, dass sie arbeiteten, wie Männer Positionen bezogen hatten, weil sie es konnten und durften. Wie lässt Shakespeare in »Timon von Athen« seinen Ersten Banditen sprechen? »Keine Zeit ist so schlimm, dass man nicht ehrlich sein könnte.«

Bitte, da und dort in Politiker-Büros hintern Spiegel zu stecken.

Ehrlich?

Was für ein großartiges Wort! Der sogenannte Volksmund machte es dauerhaft populär: Ehrlich währt am längsten. Doch wie ist das genau zu verstehen? Ist die Ehrlichkeit des Ehrlichen gemeint oder die des mit Ehrlichkeit Bedachten?

Jeder, der das jetzt liest, könnte, sollte die Probe machen und sich selbst ehrlich befragen: Wie oft log ich schon am heutigen Tag? Dabei wurde uns allen von Kindheitstagen an eingebläut, eingetrichtert: Du sollst nicht lügen! Mir ist aus Volksschulzeiten noch in Erinnerung, was inzwischen, zumindest in Deutschland, auf dem Müllhaufen landete – der Rohrstock. Spielen wir das Gedankenspiel, okay?

Also in einer Parteiversammlung oder gar im Bundestag wird ein Bösewicht der Lüge überführt. Handfeste Hilfskräfte legen seinen Hintern bloß, und ein von den Parteien gewählter Versohler legt Hand an ... Am nächsten Tag in allen Zeitungen die Fotos. Das wär's.

Zurück zum Tatsächlichen. Wieder einmal schlug Väterchen Frost zu, und wieder einmal haute das Verantwortliche da und dort in Amtsstuben vom Drehsessel. Wieder einmal, und wie schon so oft, stritten sich deutsche Politiker ums endliche Verwirklichen einheitsgleicher Tatsachen in Ost und West, und erneut bleibt Östliches auf der Strecke. Wie nach den Beschlüssen von Jalta und Potsdam generell, und wie in zig Details speziell. Beispiel: dort Marshallplan, hier Reparationsleistungen ...

Und ich höre schon wieder die Protestler: Mach endlich Schluss mit solchem Stänkern, zähle das Gut-

Geschehene auf! Ich spiele den Ball zurück: Nein, alle Tatsachen gehören auf den Tisch, wenigstens ein bisschen Teer für alle Schlaglöcher muss her!

Peter Hahne, schon manchmal mein Gedanken-Animator und – ehrlich! – mein geschätzter Stichwortgeber, weil er sich bemüht, Tatsächliches zu benennen: Werte, individuelle und gesellschaftliche, sind für ihn Gottesfurcht und Nächstenliebe, aber leider nicht Ehrlichkeit. Dieses Wort ist in seinem Werte-Kanon nicht zu finden. Und auch nicht unter den christlichen Zehn Geboten. Es sei denn, das 8. Gebot zur Deutung heranzuziehen: »Du sollst nicht falsch Zeugnis reden wider deinen Nächsten.«

Vielleicht, liebe Nächsten, ist es für jeden von uns gut, manchmal sicherlich dringlich, auf seiner Lebensstrecke nach Schlaglöchern zu suchen, und, wer oder was schuf sie?

Bronze für Deutschland

Drei Kanonenböller jagen in Richtung Himmel!

Hoch-Hoch-Hoch! Dreimal jubelt und jauchzt es im Parlament!

Und ein paar Tausende Großverdiener reiben sich die Hände, weil der Rubel immer noch und immer wieder rollt.

Jawollja, Deutschland liegt immer noch und immer wieder an dritter Stelle, an dritter Stelle in der ganzen Welt ...

Doch, zu früh gefreut. Wir sind nicht Drittbeste in der weltweiten Kindergartenrangliste, in der Altenbetreuung, in der Krankenhausausstattung, bei den Begräbnispreisen. Und Deutschland rangierte auch bei den letzten Olympischen Sommerspielen in Peking 2008 nicht an dritter Stelle. China, USA, Russland, Großbritannien, Deutschland war hier die Großen-Reihenfolge. Aber, bitte, das war und ist für den deutschen Sport erneut ein beklatschenswerter Erfolg!

So, wie kriege ich nun die Kurve?

Ach, ich lasse jetzt den Teufel einfach aus dem Sack:

Hinter den USA und Russland ist Deutschland weiterhin weltweit drittgrößter Waffenexporteur!

Bummmms! Noch ein Jubelböller!?

Und was ist mit dieser Zahl?

1,33 Milliarden Euro?

Es ist der Wert unserer ausgeführten Kriegswaffen aus dem Jahr 2009. 2008 schafften wir sogar 1,42 Milliarden. Unser größter deutscher Kleinwaffenhersteller (den Namen verkneife ich mir) beliefert die halbe Welt mit seinen »Produkten«. Was dann mit denen geschieht, wo überall sie Unheil anrichten, in Krisengebieten ganz besonders, wird nicht weiter kontrolliert. Hauptsache, dass … Und: Sobald das Geld im Kasten klingt, die Seele aus dem Fegefeuer in den Himmel springt.

Hier stimmt's besonders: Heuchler sind auch Meuchler.

Was auch – in diesem Falle – Regierung und Gewerkschaften in sonst seltener Einmütigkeit sieht. Denn: Würde man hier Beine stellen, hieße das, Tausende Arbeitsplätze sind futsch. Wer also ist strikt dagegen? Keiner. Danke. Bitte Platz nehmen und weitermachen.

Denn: Fänden die Deutschen bei diesem kranken Geschäft nicht Abnehmer, gäbe es gewaltige Waffenmüllhaufen. So geht der Rüstungsdank an viele Bezahler. In Europa und Österreich (Spitzenreiter!) bis Luxemburg an insgesamt 28 Länder. In Asien von Südkorea bis Thailand an 11, in Nahost von Vereinigte Arabische Emirate bis Libanon an 8, in Amerika an 8, und dann heißt es noch an Sonstige 4.

Alles in allem, unterm Strich: ein Riesengeschäft! Halleluja.

Kriegen wir Krieg?

Nein!

Und warum nicht?

Weil wir längst im Krieg sind!

Deutschland im Jahr 2011 ist wieder Kriegsland, weil wieder an Kriegen beteiligt. Schlimm! Noch schlimmer: Die Deutschen nehmen das so hin, wie: na und? Es ist zum Kotzen, Herr Major!

Warum, wieso erfüllt das einen Großteil der 80 Millionen nicht mit Zorn, mit Widerspruch? Wie ist es möglich in einem Land, dessen Menschen allein in den letzten hundert Jahren, wieder einmal in tausendjähriger Geschichte, Millionen deutsche Tote und zig Millionen fremde Tote zu verantworten haben? Und wieder duckten und ducken sich noch immer viele Deutsche weg, stecken den Kopf lieber in den Sand, um nichts wissen und begreifen zu wollen?

Verdammt noch mal!

Reicht das zur Erklärung aus: Weil die meisten der jetzt lebenden Deutschen eben noch nie einen Krieg direkt miterleben mussten? Genügt das, entschuldigt das? Stecken neben Unkenntnis auch jetzige Ängste dahinter, nur nichts Falsches zu äußern, um nicht in diese oder jene Pfütze zu treten? Es muss so sein, denn ich merkte es auch bei mir: Nur nicht zu laut husten, nur nicht bellen. Wir sind wieder dabei: töten, werden getötet. Einen lauten Knall wie Kundus steckten wir schnell und möglichst leise weg – gesamtgesellschaftliche Feigheit?

Ich meine nicht nur andere, ich meine auch mich. Ich danke dem lieben Gott, dass ich nie auf andere Menschen, die man Feinde (!) nennt, habe schießen müssen, doch ich musste es auch noch lernen, mit der Knarre und dem MG. Pfui Teufel!

Oft flachsten wir im Kameradenkreis und benutzten das herrliche Bonmot: Stell dir vor, es ist Krieg, und keiner geht hin …

Es gibt immer und überall auf der Welt Menschen, die hingehen, freiwillig oder gemusst.

Und es wird geheuchelt und gemeuchelt.

Bin ich zu mimosisch und naiv, dies anno 2011 zu beklagen?

Ich hasse alle Kriege, die vermeintlich gerechten und die ungerechten. Unter den Menschen, die direkter mit Krieg zu tun haben, gibt es noch die Selbstgerechten und die Verschöner, Gegelte und Bezahlte, die den Boulevard ins Kriegsland tragen. Doch es ist und bleibt urälteste Erkenntnis: Immer gibt es diese und jene. Ein Heinrich Leo schrieb in seinem Volksblatt, allerdings vor 160 Jahren, dass Krieg durchaus »frisch und fröhlich« wäre, Bismarck drohte »Je stärker wir sind, desto unwahrscheinlicher ist der Krieg«, aber warnte ebenso »selbst ein siegreicher Krieg ist ein Übel«. Unter all den Äußerungen erschreckte mich die des klugen Heraklit immer am meisten: Der Krieg ist der Vater aller Dinge. Oder?

Klugschwätzer sind oft diejenigen, die Krieg nie persönlich kennenlernten. Aber neben den Wortschöpfungen Bürgerkrieg, Verteidigungs- und Angriffskrieg, Handelskrieg, Unabhängigkeitskrieg, Erbfolgekrieg,

Religionskrieg rutschte auch das dagegen harmlose »Ehekrieg« in die Wörterschlacht, ins Scharmützel der Gedankengefechte, wo noch das »Kriegskunst« besonders zu bespucken ist. Richtig scheint mir die Erklärung: Krieg sei ein Zustand, der stets speziellen Zweck verfolgt, wobei es auch um das Erringen von Erdschätzen und Märkten geht. Mir scheint das nah am Heutigen, wo wieder Deutsche kämpfen, was wir aber fast immer als »verteidigen« zu kennzeichnen wünschen.

Hut ab, korrekter wohl »Helm ab«, jedoch nicht zum Beten.

Das für mich Mit-Klügste stammt vom Franzosen Chamfort, der Ende des 18. Jahrhunderts das revolutionäre »Krieg den Palästen, Friede den Hütten« in die aufgescheuchte Gesellschaft schmetterte.

Doch nochmals zurück zum Anfang. Mut fasste ich deshalb, weil zu Weihnachten 2010 erstmals aus der in Deutschland höchstmöglichen Regierungsetage zwar im verwinkelten Slalomdeutsch, aber immerhin, zu vernehmen war: »Wenn man sich mit der Realität unserer Soldaten befasst, ist das eben in der Region Kundus so, dass sie in wirklichen Gefechten stehen – so wie Soldaten das in einem Krieg tun. Ich finde, das sollte man beim Namen nennen.«

Donnerwetter!

Überdeutlich? Oder: klar wie dicke Tinte.

Afghanistanisches

Was dort geschah, immer noch geschieht, ist ein Musterbeispiel der Politik-Heuchelei. Den Menschen dort, etwa 28 Millionen in einem Land, doppelt so groß wie Deutschland, soll Frieden mit Waffengewalt und Toten gebracht werden, und Deutsche sind dabei. Wieder einmal, als Mit-Weltverbesserer und im Wettstreit mit allen anderen Heuchlern, die dort zu Felde ziehen.

Wir verteidigen am Hindukusch auch unsere Freiheit, tönte es mit einem deutsch-politischen Fanfarenstoß. Wir? Wir alle 80 Millionen? Alle Untersuchungen und Umfragen beweisen: Die deutsche Mehrheit ist gegen diesen Krieg und unsere kriegerische Beteiligung.

Waffenherstellern, auch deutschen, schafft das jedoch Gewinn, guten Gewinn. Viele kennzeichnen dieses Friedensbringer-Heuchlerstück als meisterliche Verarsche, Pardon.

Millionen Deutsche wünschen den Menschen baldigen und dauerhaften Frieden. Etwa siebzig Völker oder Volksgruppen sehnen sich danach. Paschtunen und Tadschiken, Turkmenen, Baluchi, Usbeken ..., und alle erlebten schon in ihrer wechselvollen Geschichte mit sowjetischen, us-amerikanischen, pakistanischen Aufs und Abs für uns Undurchschaubares. Wie vieles in dieser wieder sehr, sehr unruhig-gefährlich gewordenen Welt.

In dieser Heuchel-Welt heucheln wir Deutsche

da und dort immer wieder mit. Auch schon, wenn es »nur« um den Begriff Krieg geht. Was für jämmerliche Gedanken- und Äußerungspirouetten wurden gedreht und gesprungen, und wie oft fielen wir auf die Nase. Jetzt wurde es still und stiller. Doch der Fakt ist fest. Wir sind wieder im Krieg. Nach allem in unserer Geschichte wieder im Krieg.

Wer wie ich vier deutsche Geschichtsepochen miterlebte und von den zig Millionen Toten weiß, für den bedeutet das riesige Enttäuschung und böseste Heuchelei.

Grundgesetz

Artikel 4
(Glaubens-, Gewissens- und Bekenntnisfreiheit)

(1) Die Freiheit des Glaubens, des Gewissens und die Freiheit des religiösen und weltanschaulichen Bekenntnisses sind unverletzlich.

(2) Die ungestörte Religionsausübung wird gewährleistet.

(3) Niemand darf gegen sein Gewissen zum Kriegsdienst mit der Waffe gezwungen werden. Das Nähere regelt ein Bundesgesetz.

Aristoteles und Zettelfritzen

Gern, sehr gern sogar höre ich oft stundenlang politischen Rednern zu. Dank eines Rentnerlebens ist das möglich. Dabei ist dieses Zuhören weiß Gott nicht immer vergnüglich. Bundestagsübertragung, Landtagsdebatten, Parteitagsreferate und Diskussionen ... Aber, ich wähle es freiwillig, zumal es interessantes Rhetorikmaterial liefert. Dabei ist neben dem Was vor allem das WIE eine Hör-Fundgrube.

Sprechen ist materialisiertes Denken. Das gilt für uns alle. Und selbstverständlich für Öffentliche besonders. Politikerreden zumal müssen als Sprechqualitätsbeweise unserer Elite gelten. Oder etwa nicht?

Was haben sie nun auf dem Kasten, diese elitären Mikrofonisten?

An diesem Fragepunkt beim Lesen angelangt, sollte jedermann erst einmal sich selbstkritisch überprüfen. Wie spreche ich? Da die Resultate nicht immer lustig ausfallen werden, hier eine erholsame Wortmeldung des guten, alten Freundes Hansgeorg Stengel, der uns leider schon seit einigen Jahren nur noch vom Himmel aus zuhört.

Leben und Tod
des Redners Roderich Schnabel

Er rang mit einer Fülle von Problemen:
zum Beispiel mit der Frage, welchen Themen
man sich als Referent mit Rednergabe

34

am rationellsten zuzuwenden habe,
sowie auch dem Problem, wie man das volle
Vertrauen jenen abgewinnen solle,
die man, worauf ein Referent stets achtet,
für seine Thesen zu begeistern trachtet.
Er rang und rang, er rang auch mit Komplexen,
die Redner oft befallen und verhexen.
Er rang beim Formulieren um stabile
Konkretheit anvisierter Bildungsziele
und rang aktiv bei schwierigen Transporten
des Worts zum Ohr des Publikums nach Worten.
Er rang (ein Trauerspiel des offnen Marktes)
im Würge-Zugriff eines Herzinfarktes
sogar nach Luft durch Nase, Mund und Poren.
Doch dieser Ringkampf Schnabels ging verloren.
Und so geriet dem Referenten Schnabel
das Leben bis zum Tod zur Ringparabel.

Belassen wir es bei diesem Parabolischen.

Damit nun beim Leser anno 2011 nicht der Ein-
druck wächst, hier schreibt sich ein zur Selbstkritik
Unfähiger persönlichen Frust vom Herzen, folgt ein
weiterer Hansgeorg Stengel:

Ein Sportreporter, der schon elf Sprachen spricht
und damit alle Sprachrekorde bricht,
greift mutig nach den Sternen:
Er will die eigne Muttersprache lernen.

Ich höre die brennende Frage: Was hat das alles mit
Aristoteles zu tun? Soll der sich im Grabe umdrehen?

Aristoteles, ebenso Isokrates, Hermagoros … wirkten vor rund 2500 Jahren im alten Griechischen als die »Champions« der Rhetorik, als bewunderte Lehrmeister der »Theorie kunstgemäßer Beredsamkeit«. Doch ich will nicht länger Historienstaub wischen. Das könnte vergnatzen, vor allem diejenigen, die sich »auf den Schlips getreten« fühlen.

Zurück ins Heutige. Dahin wieder, wo sich Politiker und Journalisten mühen, nicht als Rhetorik-Nieten eingestuft zu werden.

In größter Gefahr sind die Zettelfritzen. Ich zucke schon zusammen, wenn der zum Rednerpult gerufene Abgeordnete Sowieso am Pult in seine Sakkoinnentasche greift und das Papierne an die Luft holt.

Und wenn dann noch einer schwächelnd vorliest, abliest, müsste eigentlich sofort die Glocke des Tagungspräsidenten läuten. Aus, Feierabend. Leider geht das nicht so. Doch mein supernaiver Vorschlag wäre: Abgeordnete müssen grundsätzlich frei sprechen, und wenn sie meinen, ein Faktenzettel mit Zahlenmaterialien müsste erlaubt sein, jawohl, dann sollte, müsste das der amtierende Präsident mit einem schnellen Einblick überprüfen beziehungsweise ein Nein verkünden …

Ich weiß, naiv-sentimentales Träumen eines Rhetorikfreundes.

Doch das wenigstens darf doch sein.

Und zudem die generelle Frage: Von welcher Qualität sind unsere Abgeordneten, unsere Politiker? Wen wählen wir?

Geld und Tucholsky

Unser vieles Lamentieren über diejenigen, die viel zu viel davon haben oder bekommen, lässt die Gemeinten nur milde lächeln. Zwanzigjährige Fußballspieler, die Millionäre sind, Schlagersänger dito – na und? So fragen die Gemeinten zurück: könntet ihr doch auch, wenn … Wenn? Was wenn? Für mich gibt es nur ein Wenn: wenn wirklich Arbeit und Leistung belohnt, bezahlt werden! Dass heutzutage auch Pleiteverursacher noch Millionen erhalten, bestätigt nur: In dieser Welt steht vieles auf dem Kopf. Und – hier stinkt die Welt bis zum Himmel.

Eigentlich wollte ich mich anno 2011 sogleich Tucholskys Geld-Meinung zuwenden, doch aus aller Tucholsky-Generalverehrung komme ich nicht und nie an seiner markantesten und für ihn und viele »Spätnutzer« ärgerlichsten vorbei, nämlich … Und jetzt stocke ich Angsthase wieder, Tucholskys Meinung vom 28.11.1925 (!) zu zitieren … Ja, es brächte auch im demokratischen Deutschland von heute böses Echo …!

Deshalb nun schnell zum (gleichfalls) Stinkenden, dem Geld.

Non olet, es stinkt nicht, heißt es seit Vespasians Zeiten und Handeln, während Tucholsky es auf diesen Kern fixierte: »Geld ist auf alle Fälle ein Malheur, ob man es hat oder nicht.« Die jetzt oft zitierten und kritisierten Banker urteilen wahrscheinlich anders. Leider lernte ich noch nie einen aus der Nähe kennen, denn jene freundlichen Sparkassenmenschen, die meine Wege kreuzten, sind höchstwahrscheinlich mit Bankern dieser deutschen Zeit nicht zu vergleichen.

Ceterum censeo hieß es bei den alten Römern, wenn sie mit jemandem die Meinung teilten. Wir, ich hoffe alle in christlicher Absicht und Nächstenliebe, haben genug zum Geld gesagt. Und den gesellschaftlichen Wahnsinn, der besonders heute damit betrieben wird, können wir, Otto und Emma mit kleinem Portemonnaie, ohnehin nicht begreifen, geschweige nachvollziehen. Millionäre ticken anders.

Gott schafft jedoch einen christlichen Ausgleich, er lässt sie – manchmal – früher sterben.

Zum Sterben nachgedacht: Wieso geht ein Mensch, der zu viele Schulden machte, oft daran zugrunde, gesellschaftlich, körperlich? Und, das ist die Naivlingsfrage: Wieso können total verschuldete Länder überleben?

Und – sicherlich noch weltenfremder – wieso müssen wir eurounterstützend Griechenland oder Irland und bald noch anderen zur Hilfe eilen? Etwa aus rein christlichem Gebot der Nächstenliebe?

Und auch das wüsste ich zu gern: Wie denkt der liebe Gott über Millionäre, über Banker, die mit vierzig Lebenslenzen schon sicher wissen, dass sie Millionen an Pensionen geschenkt bekommen ... Von wem eigentlich? Das Wort Pension ist französischen Ursprungs und meint, nach dem Lateinischen »pendo«, was »Zugewogenes«. Rente hingegen mit dem Ursprung »reddere« – zurückgeben, zahlen ...

Ja, wir, die Millionen, zahlen drauf. Wo die Millionen schon sind, stützt und schützt der Staat.

Es rumort die Grundfrage: Wie lange hält das eine Gesellschaft aus? Wie lange bleiben Viele gegen Wenige friedlich?

Friede sei mit euch, pax vobiscum, heißt es schon bei Lukas in der Bibel, im Neuen Testament. Womit ich die Christen-Kurve bekam.

PS: Gerade las ich noch diese Meldung: Wir EU-Steuerzahler sollen in den nächsten fünfzig Jahren mehr als 100 Milliarden Euro für die Pensionen der EU-Beamten aufbringen! Und: Die Zahl der Eurokraten-Pensionäre steigt von jetzt knapp 18 000 bis zum Jahr 2046 auf 38 500. Sie kassieren bis zu 12 000 Euro Ruhegeld pro Monat, ein Sümmchen, das ein Normal-Rentner fürs ganze Jahr bekommt …

Verkehrter Verkehr

Jajaja, der hat recht, der nun sofort fragt: Welchen Verkehr meint der Autor? Also, der Autor sagt, streichen sie beim Wort Autor das End-r, dann liegen alle verehrten Leser richtig, und ich kriegte die Kurve.

Auto, Auto und mehr, alles macht den Verkehr. Oft wimmeln die Hauptstraßen von großstädtischem Verkehr, und es ist, weiß Gott, kein Spaß mehr, Verkehrsteilnehmer zu sein. Spaß und Verkehr, Straßenverkehr, passte das jemals gut zusammen? Ich sage »ja«, früher, vor Jahrzehnten, war das so, aber jetzt, da zig Millionen Fahrzeuge zugelassen sind …?

Und nun kommt ein älterer Hinterwäldler noch aus dem Mustopf und brummelt: Weil das so ist mit dem Verkehr, wobei Gefahren zuhauf entstehen, korrekter ausgedrückt, drohen, sollte man, müsste man einige Regeln verändern. Welche denn, bitte, wird zurückgefragt?

Nun knallt's, jetzt platzt der Reifen!

Geschwindigkeitsbegrenzungen!

So lang das Wort, noch länger nun das Fluchen. Des Deutschen wichtigstes Mit-Arbeitsmittel, des Deutschen allerliebstes Freizeitkind, *sein* Auto soll bewusst langsamer fahren? Wer solches denkt und dann noch öffentlich macht, tickt nicht richtig oder kommt aus Hinterhinterpommern.

Mir ist klar, eine dermaßen furchtbare Forderung oder Bitte macht Stunk. Na und? Es stinkt doch tagtäglich aus Millionen Auspuffen, meint der Stänkerer und fühlt sich im Recht. Aber, das Folgende stimmt, denn das Recht ist auf der anderen Seite, aufseiten der Schnellfahrer. Auf vielen Autobahnen ist es tatsächlich erlaubt, jedenfalls abschnittweise, seinem Porsche oder Maserati oder Benz voll Pfeffer zu geben, voll! Gaspedale werden durchgetreten, dass die Achillessehne schmerzt.

Muss das sein? Auch wenn es rechtens ist?

Na klar, das muss, droht die Lobby. Und, was oder wer ist die *Lobby*? Suchen Sie mal in etwas älteren Wörterbüchern und Duden. Da steht vielleicht »Vorraum oder Foyer«, aber sonst …?

Tja, auch hier gilt: alles von vorgestern. Die Welt hat sich weitergedreht, und ob es da oder dort dudenfest ist oder nicht, wir Heutigen sitzen an den Hebeln und Gaspedalen der Auto-Industrie, und wir wollen verkaufen, und möglichst schnelle Autos.

So ist es. Doch, angelehnt bei Don Quijote, wer so dumm ist und gegen Windmühlenflügel kämpfen will, muss mit dem Spott leben, zum Spott der Leute werden, wie es im christlichen Psalm 22 heißt.

Ich trete zudem reumütig auf die Bremse. Jeder soll sich – so er hat und kann – gut versichern und dann ab mit 200 Sachen. Ich überdenke schon bei 150km/h, wo ist das nächste Krankenhaus.

Deshalb – nun lass ich endlich die Katze aus dem Sack – deshalb generelle Tempobegrenzung auf Autobahnen bei 145, und – Achtung! – im Stadtstraßenverkehr bei vierzig, in Buchstaben: *vierzig!* Alle Privat-»Vettels« können fluchen, alle Autohersteller können Strafanzeigen wegen Dummheitsverbreitung stellen, doch alle Mit-Moderaten sollten jetzt beim Lesen lächeln.

Für mich galt und gilt immer noch: Tempo, Tempo, Tempo ist kein gutes Lebensmotto. Und wer es mir jetzt seitens der Auto-Lobby und von den in der Flensburger Flitzerkartei besonders stark Vertretenen zurückgeben will, dem gebe ich noch diese klassische Steilvorlage: Shakespeare lässt in seinem »Heinrich V.« Dauphin fluchen: »Feige Hunde sind mit dem Maul am freisten.«

Wauwau ...

Don Quijote 2011

Warum gelangte der Romantikheld von Cervantes, der vor rund 400 Jahren lebte, zu unsterblichem Ruhm? Sein Kampfross Rosinante dazu? Dazu gibt es Tausende Geschichten, aber die wahrscheinlichste und interessanteste ist das Leben von Miguel de Cervantes Saavedra selbst. Ein Haudegen vom Scheitel bis zur Sohle. Ein Tausendsassa, der nichts auslieβ, vom Theologen bis zum Sklaven, der Kerker und Schlösser kennenlernte, als x-mal verwundeter, aber stets tapferer Krieger beschrieben und zu seiner Zeit schon so etwas wie ein Bestseller-Autor war, aber vor allem und bis heute der Dichter des Don Quijote. Wir kennen immer noch den Namen seines mutigen Rosses, Rosinante, aber vor allem wissen wir, Don Quijote ist ein Weltenfremder, der gegen Windmühlenflügel kämpfte. Und bis heute blieb er »ein Narr veralteter Anschauungen«. Das könnte ebenso für einen Hinterwäldler zutreffen, der jetzt, 2011, das Kampfross gegen Heuchler sattelt.

Von mir aus …

Doch sollen wir deshalb, die Niederlage schon abschätzend, stillehalten und Duckmäuser sein? Die sollten sich allerdings nicht über andere aufregen, zumal für solche selbsternannten Zensurengeber galt und gilt: Quod licet Jovi, non licet bovi. Was Jupiter erlaubt ist, gilt deshalb noch lange nicht für den Ochsen.

Stimmt auch bis heute.

So ist privates Lügen nicht politischem gleichzu-setzen. Und zu Hause ist nicht Parlament. Heucheln erntet nicht nur Kopfschütteln, sondern auch Schul-terklopfen. Ein Heuchler kann rausgeschmissen wer-den und Gehaltserhöhungen empfangen. Auch zitiert nach Schul-Latein: Duo quum faciunt idem, non est idem. Wenn zwei dasselbe tun, so ist es noch lange nicht dasselbe.

Wer heute gegen Windmühlenflügel kämpfen will, ist selber schuld. Und dabei fällt mir noch immer ein, was ich ganz schnell 1990 lernen musste und viele an-dere ebenso. Meine naive Hoffnung oder Erwartung, nun, in der neuen, besseren Welt geht alles, wenigstens fast alles nach rechten Dingen zu, war mindestens Don Quijotisch, vielleicht sogar idiotisch. Altbundes-republikaner dozierten dazu: Recht haben und/oder Recht bekommen, ist ein großer Unterschied, aber sonst, ja, ist es schon richtig-rechtens, denn nun kann man, darf man, soll man vor jedes Gericht ziehen und möglichst mit einem guten Rechtsanwalt freier Wahl; aber bitte beachten, der muss auch bezahlt werden.

Panem et circensis

Brot und Spiele, dieses kluge Juvenal-Wort, bezog der römische Satiriker auf die damalige lasterhafte Gesellschaft. Es galt, und es gilt. Bis heute.

In brutalem Deutsch ausgedrückt: Gib dem Menschen zu fressen und lenke ihn ab mit allem möglichen Firlefanz. Er ist ruhiggestellt. Ich nenne es baldrianisiert. So lässt er sich vieles beibringen. Allerstärkste Waffe ist dabei das Fernsehen. Mit der wunderbaren verführerischen Erfindung verbringt der Heutige Tausende und Abertausende Stunden seines Lebens. Und er lässt sich einlullen; verdummen darf ich wohl nicht schreiben, oder?

Nun gehörte ich auch zu den Einlullerern. Sport und Unterhaltung sind dabei noch Programmteile, die besonders viele fesseln. Circensis! Wobei Sportsendungen auch sehr stark Gutes wollen. Ein Beispiel: unsere Berliner Rundfunk-Sendung »He-he-he – der Sport an der Spree«. Hier ging es, und ganz fair-freundlich, um das Werben, persönlich Sport zu treiben. Einer unserer Höhepunkte wurde dabei der Berliner Neujahrslauf, der auch schnell im ganzen Deutschland gleichgesinnte Mitmacher fand. Und (fast sensationell!) der alle Umbrüche überstand. Bis heute, 2011.

Aber, es ist auch nicht jegliches zu verdammen, bei dem es um Geld geht. Der Geldfußball sorgt für stattliche Einschaltquoten, und bestimmt kann er weiter Menschen auch zum Sport, zum persönlichen Sporttreiben führen. Hier gilt, was auch sonst im Leben eine Rolle spielt: Die Kirche sollte im Dorf bleiben. Ja, Circensisches mit Vernunft verbunden. Das ist oft schwer, weiß Gott, aber dennoch möglich. Wieder tragen bei alledem die Medien, vornweg das Fernsehen, eine riesige verantwortliche Vorbild- und Parteinahme. Denn: Sport lässt sich so oder so »verkaufen«.

Im Folgenden will ich Beispiele kommentieren.

Zuerst die Öffentlich-Rechtlichen. ARD und ZDF.

Schreihälse

Das lernte ich bereits am Anfang der Sprecherziehung: Schwierigstes ist Schreien, also lauthals sprechen, fortissimo. Ungeübte gehen dabei mit der Stimme noch eine Oktave höher, und das wirkt grässlich.

Reporter, besonders Sportreporter in Radio und Fernsehen, sind damit häufig konfrontiert und bleiben viel zu oft auf der Strecke. Man höre nur, beispielsweise, einen Bela R. beim ZDF. Es tut weh und beweist: Unkenntnis oder schlechte Ausbildung oder überhaupt keine. Ich fürchte, das Letztgenannte stimmt.

Wieso ist das bei den Öffentlich-Rechtlichen, also von uns mitbezahlten Sendern möglich? Warum gibt es keinen Ausbildungs- oder Weiterbildungszwang? Solche und ähnliche Fragen lassen sich leider oft stellen. Hier stimmt etwas im System nicht, und/oder vielleicht stimmt das ganze System nicht.

Es war auch zu Zeiten des DDR-Rundfunks, also bei Radio und Fernsehen, zu beobachten: Die Auswahlkriterien wurden falsch gewichtet. An erster Stelle wurde (meist) Sportfachliches geprüft. Kann der Kandidat Sachkenntnisse zu Fußball, Boxen, Schwimmen usw. vorweisen. Lag hier Zustimmung vor, ging es – und auch nicht immer! – zum Rhetorischen. Ist XYZ in der Lage zu beschreiben, zu schildern, zu kommentieren?

Ich will das Thema nicht zu Kaugummi machen. Jedoch, weil es auch hier und heute immer noch hapert, schneide ich es erneut an. Ursache dieser schlimmen Fehlgewichtung sind meist Wissen und Können der Beurteiler. Gäbe es solches Missverhältnis beim – Beispiel – Eiskunstlaufen, wäre zu folgern: Ja, Erkennen ist vorhanden, Beschreiben und Beurteilen leider nicht.

Deshalb und klipp und klar eindeutig, früher und heute wieder: Es sind oft die falschen Auswähler und Prüfer, die Dauerschäden verursachen, und es auch Nur-Schreihälsen ermöglichen, öffentlich zu werden. Aber: Wo sind Chefredakteure und Intendanten? Es können doch nicht alle schwerhörig sein?

»Verständig sprechen ist viel wert, Gesprochenes Wort nie wiederkehrt«, hieß es bereits vor 800 Jahren bei Freidank, der sich als »Fahrender- und Lehrdichter« einen Namen machte. Kurzum, Schreihälse dürften hier und heute an kein Mikrofon oder aufs Podium gelassen werden! Wer es zulässt, ob Intendant oder Chefredakteur oder anderer Verantwortlicher, müsste gleichfalls disqualifiziert werden.

21000 Euro – meine Schulden

Zugegeben, das war ein Kinnhaken, aber es wurde gegen Ende 2010 verlautbart. Jeder von uns zirka 80 Millionen Bundesrepublikmenschen sitzt mit 21000 Euro in der Klemme. Großmütter und Enkel, Vater, Mutter, Tochter, Sohn, Freund, Feind, Reiche, Arme, egal welcher Partei zugehörig oder parteilos, Protestant, Katholik oder anderen Glaubens, alle auf einem riesigen Dampfer, fast leck geschlagen, Schuldner, Schuldner, und viele ohne Rettungsring. Und: Auch wer noch im Leben Schulden machte, sitzt mit im Büßerboot.

Dann fing ich mich halbwegs und versuchte zu rechnen. Also:

80 Millionen BRD-Menschen mal 21000 Euro, das macht … Stop! Jetzt könnte, sollte der geschätzte Leser selbst zum Taschenrechner greifen: 21000 multipliziert mit 80000000 … Na, und? Auf meinem simplen Taschenrechner geht's gar nicht, ich krieg's nicht auf eine Zeile. Und Sie? Beim Nachdenken wird es mir aber auch immer wurschtiger. Da sind doch die Staatsverantwortlichen am Zuge, nicht ich Piesepampel. Dafür spüre ich aber, wie neuer alter Ärger in mir wächst. Verflixt noch mal, hätte ich diese Schulden und mit mir Meier, Lehmann, Krause, Schulze …, irgendwann kämen wir doch als Verschuldete vor den Kadi, oder? Es könnte dann doch deftige Strafgelder hageln, manchen träfe es wie der Supergau-K.o. bis zur Existenzvernichtung, denn

Dauerweiterleben auf Dauerpump lässt sich doch kein Staat gefallen …

Apropos Staat! Da sind doch anno 2010/2011 einige schwerstverschuldet, doch keiner geht vor die Hunde, im Gegenteil, sie zahlen sich noch Boni aus, spielen den dicken Max … Als treuer Steuerzahler kann man nur staunen. So also geht's in dieser Welt. Aber was ist das noch für eine Welt? Oben hui, unten pfui?!

Doch eigentlich dürfen Normalverbraucher weder staunen noch fluchen. Denn wir, demokratische Wähler, lassen uns das alles gefallen. Dumm? George Bernard Shaw, der irische Dramatiker, so grimmig wie er aussah und auf die Welt blickte, so grimmig urteilte er: Die Welt ist voll von Dummköpfen wie ein Baum von Blättern.

Widerspricht da jemand …?

... noch eine Geldnotiz

Zum Jahresende 2010 wurde gemeldet, die Krisenbank Hypo Real Estate hat die milliardenschwere Auslagerung sogenannter »giftiger« Risikopapiere in eine »Bad Bank« erfolgreich abgeschlossen. Wie so etwas geht? Eine dafür gegründete Einrichtung, die sich FMS Wertmanagement nennt, fing das auf. Fachleute bestätigen, der Wert so ausgelagerter (!) Kredite und Wertpapiere und herumgelagerter Geschäftsbereiche soll 173 Milliarden Euro betragen.

So macht man das, verehrte Mitmenschen!

Wir, Müller, Lehmann, Meier ..., wir müssen endlich lernen, beispielsweise: »herumlagern« ... Sprechen Sie mal in Ihrer Sparkasse mit den dortigen Experten. Da muss doch was drin sein ...

Sonst droht eines Tages, was andere amtliche Zahlen belegen. Nämlich: Jeder Sechste ist in Deutschland von Armut bedroht. Statistiker meldeten bereits Ende 2008, etwa 15,5 Prozent unserer Bevölkerung seien so bedroht, und die Armutsgrenze liegt bei 929 Euro monatlich.

Wenn ich das, Ende 2010, mit diesem oder jenem Auch-Zeitzeugen diskutiere, kommt oft die Gegenrede: Guck dich mal um, gehe in die großen Kaufhäuser, staune, was da passiert ...

Der Mann hat recht, aber der Hinweis stimmt auch: 100 Prozent minus 15,5 Prozent macht 84,5 Prozent, eine stattliche Menge Mensch.

Bei jedem Fußballspiel in jedem Stadion können

wir die Wirkung solcher Proportionen hören, wahr-
nehmen: 84,5 Prozent Heimschreier gegen 15,5 Prozent Gästebrüller! Wer bleibt auf der Akustikstrecke?

Na also.

Es bleibt immer die Syrus-Wahrheit: Pecunia una
regimen est rerum omnium – Geld regiert die ganze
Welt.

Treuherzige Treuhänder?

Oder: verdammte Superheuchler? Fieslinge, die mit dem Wert, den andere schufen, umgingen wie … Wähle jeder selbst sein Urteil und entsprechende Kennzeichnung! Jüngeren, die das gemeinte Treuhandtreiben nicht direkt kennenlernen konnten, muss noch Grundsätzliches erklärt werden. Einverstanden?

Hier: Als das, was DDR hieß und war, unterging, also vom Ende 1989 bis hinein ins letzte Jahrhundert-Jahrzehnt, wurde zur Abwicklung der DDR-Wertreste eine Anstalt berufen, die auf Treue und reines Gewissen DDR-Betriebe privatisieren sollte. Immerhin ging es um zirka 8 500 VEB, Volkseigene Betriebe. Die eingesetzten Treuhandanstaltangestellten sollten das nach marktwirtschaftlichen Kriterien betreiben und – natürlich – in einer anständigen Gesellschaft nach Gesetz und Ordnung.

Wir Millionen Naivlinge!

Gesetzestreue, Ehrlichkeit, Treuhandsolidität, und was noch sonst?

Längst existieren wissenschaftlich fundierte Untersuchungsresultate, die das Gegenteil beweisen. Es handelte sich um handfeste Wirtschaftskriminalität. Wie anders lassen sich diese Fakten kommentieren …?

Mitarbeiter hätten zirka dreiundeinhalbtausend (3500) strafrechtliche Vorgänge behandelt, doch es gab keinen direkten Ermittlungs- beziehungsweise Anzeigenzwang. So haben Staatsanwaltschaften nur 1 426 Verfahren eingeleitet, wovon nur ein Drittel durch Anzeigen der Treuhandstelle in Gang gesetzt wurde ...

Bis Ende kamen beim Verscherbeln des einstigen Volkseigentums rund 60 Milliarden DM heraus. Aber – Achtung! – dem gegenüber standen angeblich Ausgaben von mehr als 300 Milliarden ...

Wann endlich wird hierzu alles auf den Tisch gelegt? Wer nahm, bekam was, wo ist es geblieben?

Als Schüler lernten wir singen: Üb' immer Treu und Redlichkeit bis an dein kühles Grab ...

Das Vaterunser

Vater unser im Himmel,
geheiligt werde Dein Name.
Dein Reich komme.
Dein Wille geschehe, wie im
Himmel so auf Erden.
Unser tägliches Brot gib uns heute.
Und vergib uns unsere Schuld,
wie auch wir vergeben unseren Schuldigern.
Und führe uns nicht in Versuchung,
sondern erlöse uns von dem Bösen.
Denn Dein ist das Reich und die Kraft
und die Herrlichkeit in Ewigkeit.
Amen.

Na endlich: wieder Orden

Wer jetzt schon böse grummelt – bitte abwarten.

Richtig ist, Orden gab's, gibt's schon lange, lange. Auch mit dem Christentum verbundene. Johannes von Jerusalem war ein Stifter, und der Papst musste gegenzeichnen. Es ging aber auch schon vor mehr als 1000 Jahren dabei ganz irdisch zu. Orden für weltliche und christliche Verdienste. In wohl jeder Gesellschaftsordnung. Besonderen Vorrang genossen meist die fürs Militärische.

Und da sind wir erneut angelangt.

Der »Bürger in Uniform« – welch wunderbar-klassische Kennzeichnung! – braucht wieder, wie so oft in unserer Geschichte, spezielle Anerkennung. Unser dafür zuständiger Minister schlug vor, und der Bundespräsident genehmigte. Nach einer »Einsatzmedaille« führte ein Vorgänger-Minister ein »Ehrenkreuz für Tapferkeit« ein. Es erhielt, erhält, »ein Soldat, der im militärischen Auftrag mit Standfestigkeit und Geduld angstüberwindendes und mutiges Verhalten bei außergewöhnlicher Gefährdung für Leib und Leben zeigt«.

Bei uns direkt betrifft es anno 2011 wohl zirka 5 000 Soldaten, denen unser Respekt gilt.

Deshalb, um Kritikern Aufregung zu ersparen, dies ist sachliche Information. Wir alle, zumindest wohl die meisten Deutschen – nach Umfragen zirka 70 Prozent – wären glücklich und zufrieden bei endlicher Beendigung unserer Afghanistan-Kriegs-

»Beteiligung«. Es ist ein Krieg, so jedenfalls äußern sich Experten, der nicht zu gewinnen ist. Und das hätte jeder Verantwortliche vorher wissen müssen. Oder führten uns Unwissende auch noch hinters Licht?

Das wäre allerdings und mindestens unordentlich.

Ich knalle die alten Hacken und bitte, wegtreten zu dürfen.

Doch halt! Hier muss noch einmal nachgefragt werden.

Wie verbinden eigentlich Soldaten ihren Auftrag mit dem christlichen 5. Gebot: Du sollst nicht töten?

Meinung, die ich meine

Meine Meinung muss nicht Ihre sein, verehrter Leser. Einverstanden?

Und meine Meinung von heute muss auch nicht mehr meine Meinung von gestern sein. Noch einverstanden? Doch wenn wir darüber streiten wollen, müssten wir uns erst grundsätzlich einigen, was ist Meinung überhaupt.

Im letzten Satz steht das Wort »grundsätzlich«. Damit sind wir schon beim Kern.

Wir, die Deutschen der Bundesrepublik, besitzen ein – nach meiner Meinung! – großartiges Grundgesetz, auch Verfassung genannt.

Ich darf zitieren:

Die Grundrechte

Artikel 5

(Meinungsfreiheit)

(1) Jeder hat das Recht, seine Meinung in Wort, Schrift und Bild frei zu äußern und zu verbreiten und sich aus allgemein zugänglichen Quellen unbehindert zu unterrichten. Die Pressefreiheit und die Freiheit der Berichterstattung durch Rundfunk und Film werden gewährleistet. Eine Zensur findet nicht statt.

(2) Diese Rechte finden ihre Schranken in den Vorschriften der allgemeinen Gesetze, den gesetz-

lichen Bestimmungen zum Schutze der Jugend und in dem Recht der persönlichen Ehre.

So weit, so gut, so richtig.

Und nur zur Erinnerung.

Natürlich – oder gar selbstverständlich? – gibt es immer Möglichkeiten, Meinungs-*Äußerungen* zu verhindern oder zu behindern. Im langen Journalistenleben hatte ich zigzigzigmal mit Meinungsäußerungen anderer zu tun. Und, leider, zu DDR-Zeiten gab es eine erhebliche »Menge Meinung«, vor der man sich ängstigte und die man möglichst ausschalten wollte. Wenn ich hier von »man« schreibe, weiß jeder DDR-Kundige, es sind Obrigkeiten aller Rangstufen gemeint.

Ich will an eine Radio-Live-Sendung mit Manfred Krug erinnern. Zwei Minuten vor Sendeschluss fragte ich: »Was machst du jetzt in den Ferien?« Antwort: »Das, das, und – (kurze Luftholpause) ich werde das Neueste von meinem Freund Wolf Biermann lesen.«

Peng! Das saß. Die Sendung aus unserem alten, sehr gemochten Funkhaus Nalepastraße war kaum beendet, klingelte bei den Chefs das Telefon.

Ich solle zurückrufen, wurde mir gemeldet. Was ich tat. Deren Kritik: »Wie kann ich solche verfänglichen Fragen stellen?« Ich fragte zurück: »Was ist in den Sommermonaten verfänglich, nach Ferienabsichten zu fragen?« Antwort des ziemlich »Hohen«: »Eben – so was fragt man vor allem im Sommer nicht …«

Hurra, hurra, hurra! Es lebe deutsche Dummheit! Damals ostdeutsche Dummheit. Doch selbstverfreilich existierte auch Westdummheit. Beispielsweise, wenn mich sonst angenehme Westkollegen fragten, wie ich in Moskau ausgebildet wurde, aber – angeblich – nicht Russisch spreche, zur Tarnung?!

Ich schwöre anno 2011 beim Leben meiner Frau, Kinder, Enkel und Urenkel: Ich beherrschte und beherrsche (!) fünf Wörter, und ich denke nicht daran, diese jetzt hier auch ins Deutsche zu übersetzen. Millionen können das selbst; andere, die meiner Qualität, ahnen es, wie ich: dawei – sto gramm – tualet – pojalsta – spassibo!

Charascho? So. Und Sie brauchen Ihre Meinung über mich nun überhaupt nicht mehr zu revidieren.

Das hier bisher Gedachte und Geschriebene bezieht sich vor allem aufs Gestrige meines Lebens.

Nun, ganz und gar nicht Unwichtiges zum Jetzterlebten.

Klipp und klar – ein Sende-Titel übrigens –: Jede Meinung ist auch nicht immer an jedem Ort zu jeder Zeit begrüßte Meinung. Es lässt sich wohl sortieren: das ja, das nein, der ja, der nein. Beispielsweise: Thema Krieg und Gewalt, Afghanistan. Verantwortliche wissen, wer infrage kommt, wer möglichst nicht. Wie einstens wird nach Oben geguckt, werden Läufer zum Nichtstolpern ausgerollt.

Daher: spezielles Halleluja für diese Heuchler-Meister!

Ich verstehe, dass jeder Benutzer und jeder Benutzte heile Haut behalten will.

Zölibat?

Wissen Sie, geschätzter Leser, noch, wann und wie Sie in Ihrem sicherlich zölibatfreiem Leben eben davon hörten oder lasen? Zölibat – was ist das, oder, wie der erkenntnisemsige Martin Luther fragen würde: Wo steht das (geschrieben)? Moment bitte, zu Luther kehre ich gleich wieder zurück. Hier ist erst die Erklärung: Zölibat bedeutet: Eheverbot für katholische Geistliche.

Mein lieber Mann, es widerstrebt und wehrt sich in mir fast alles, darauf näher einzugehen, doch weil es in einem beträchtlichen Teil christlicher Menschenleben ursächlich-menschlich sehr wichtig ist, muss es geschehen, zumal wir nun schon im 2011. Jahr nach Christi Geburt leben und wissen, wie wir überhaupt »geburtsmäßig« zu unserem Leben kamen …

Also, ganz vorsichtig herangetastet, zölibatisches Leben gilt nur für katholische Geistliche, von Pastoren bis zum Papst. Richtig? Und wie ist es mit den evangelischen Geistlichen? Immerhin, Luther war verheiratet, und von ihm stammt das volkstümliche »In der Woche zwier, das schadet weder dir noch mir«. Schrie ich jetzt lauthals bravo, würde ich mich verraten.

Aber dieses Fragen kann ich mir nicht verkneifen: Etwas kann doch nur richtig sein, das Katholische oder das Evangelische? Oder gewinnt man hierbei an Christenwissen, wenn man »zwei Richtige« hat? Dies wäre ein nahezu wunderbares Beispiel christlicher

Toleranz! Entweder – oder. Beides besteht vor Gott? Zoilus, in Namensnähe zum Wort Zölibat, galt als hämischer Tadler und Besserwisser, und in dessen Nähe will ich nicht geraten.

Also bitte: Wer Lutherisches lebt, soll lange Freude haben, und wer Zölibatisches tut, auch gut.

Schließlich – ich will nicht ein »Wippchen aus Bernau« sein, der um 1877 in der Witzblattliteratur als Wortverdreher und Lügner auftaucht. Um Himmels willen.

Pisa. Philippika?

Zum Jahresende 2010 wurden wir noch mit der sogenannten Pisa-Studie bedacht. Fachleute sortieren und
ordnen eine Rangfolge partieller Schulleistungen.
34 Länder sind benannt, darunter Deutschland. Und
in dieser beschnittenen Europaliste rangieren wir auf
Platz 16, also Mittelfeld, Mittelmaß. Alles hier Bewer-
tete bezieht sich auf Fünfzehnjährige. So weit, so gut.
Oder nicht?

Experten solcher Studien und derer Interpretatio-
nen melden unser Abschneiden als begrüßenswerte
Verbesserung. Bitte sehr, und der Jahresbildungs-
vorhang könnte fallen. Ich hüte mich, Kritisches zu
schreiben.

Meine folgenden Anmerkungen beziehen sich auf
ein Generalproblem, das bei allen Bewertungskrite-
rien überhaupt keine Rolle spielt. Wieder mal nicht.
Fachleute kommentieren ihren Modus nach ihrer Meinung. Ich, Nichtfachmann, traue mich kaum noch, erneut auch auf die Grundschwäche des deutschen Bil-
dungssystems hinzuweisen, das wahrscheinlich noch
größere Bildungsfortschritte bremst. Es sind unsere
deutschen mittelalterlichen Länder-Zustände.

16 Bundesländer mit 16 Bildungsministerien plus
aller dazugehörigen weltmeisterlichen deutschen Bü-
rokratie und Fürstenherrschaft – Ländle geht vor
Land. Ich übertreibe? Ich untertreibe, weil mir der
Mumm fehlt, das so drastisch auszudrücken, wie es
Dafür-Verantwortliche verdienen.

Nach dem Wahnsinnskrieg mit allen seinen Folgen war die föderale Ausrichtung wahrscheinlich richtig. Verständlich, dass sich alle Beamten an Tisch und Stuhl klammern. So ist der Mensch. Hinzu gesellten sich längst parteipolitische und damit unterschiedliche Grundauffassungen zur Bildung. Da etwas zu verändern, bräuchte es Blitz und Donner. Es bleibt ein frommer Wunsch.

Betroffene, Leidtragende sind die Kinder, sind die Schüler, und auch die Lehrer. Ein Beispiel: Fritzchen Krause aus dem Spreewald muss die Heimatschule verlassen, weil – glückliches Geschehen – sein Vater einen neuen, guten Job im Bayerischen bekam. Gesamtdeutsche Lehrpläne existieren nicht. Fritzchen ist der Dumme. So ging, so geht es Tausenden.

Aktuell will nun das deutsche Pisa-Konsortium wenigstens gesamtdeutsches Lesen fördern. Beifall! Mit dem Grundproblem, dem Dauerbremsenden, das ich beschrieb, hat das nichts zu tun. Alle Bemühungen sind zu loben, sind zu unterstützen, die Menschen, vor allem die Jüngeren, vom Computer weglocken und zum Mehrlesen führen. Das verhindert Pseudobildung, ein heutiges Grundproblem.

Ach so, Pisa, richtig …

Nun wurde es doch Philippika.

Was das ist?

Bitte nachlesen …

Doch SOS, SOS …

Ein Drittel aller Deutschen, das sind zirka 27 Millionen Evas und Adams, liest *nie* ein Buch! Wenn das Goethe, Schiller, Lessing … im Himmel zugetragen wird, werden die sich bei Petrus entschuldigen, Deutsche zu sein.

Und Schiller schrieb schon 1799 an Goethe: »Den Deutschen muss man die Wahrheit so derb sagen als nur möglich.«

Na dann los und nicht lange gefackelt: In Deutschland, dem Land der großen Dichter, nehmen die Nicht-Leser ständig zu, und in Bälde zählen wir zu den Spitzenreitern der Welt-Buchmuffel-Liga.

Emil, der Allererste

Manche Freunde, Kollegen, Sportanhänger enttäusche ich, wenn auf deren Frage »Wer ist der Größte?« nicht sofort, wie aus der Pistole geschossen, meine Antwort knallt: Schur, dann Cierpinski. Dafür kommt: Emil Zatopek. Warum?

Vielleicht, weil für uns alle sehr oft das Ersterlebte stärkste Erinnerungskraft besitzt. Ich wurde aber auch deshalb zu Emils Lebensdauerfan, weil ich ihn im Wettlauf der gemeinsamen Jahrzehnte auch außerhalb der Stadien kennenlernen durfte. Klar, die vier Olympiasiege sind schon Spitzenreiter, zumal ich Emils drei Goldläufe von 1952 in Helsinki kommentieren konnte. Und ich bewundere die achtzehn Weltrekorde, die Emil rannte. So rangiert er für mich gleich hinter Paavo Nurmi, dem Super-Finnen, und bei aller Hochachtung auch vor seinen damals aktuellen Rivalen von Gordon Pirie, Chris Chataway bis Mimoun, Herbert Schade ...

Ich stand und stehe immer noch stramm vor seinem ganzen Leben mit Hochs und Tiefs.

Bei einem Besuch in seiner Prager Wohnung fragte ich Emil nach Urkunden, Medaillen, die ich nirgendwo sah.

Er sah mich an und lachte milde: »Wenn ich dir sagen darf – was du alles im Leben erlebt hast, hast du im Kopf und Herzen, aber wenn du das nicht hast, Kopf und Herz, ja, dann brauchst du Vitrine oder Regale für kleines Museum ...«

Noch heute könnte ich dafür laut »Halleluja, Emil« rufen.

Wenn wir uns später trafen und er gemeinsam mit seiner Frau Dana nach Berlin kam, war und blieb er immer der Alte. Bescheiden, leise, freundlich. So stellte ich mir echte Philanthropen vor.

Liebe Dana (Olympiasiegerin 1952 im Speerwerfen), lieber Emil, ich grüße euch im Himmel und danke für den dauerhaften goldenen Gewinn unseres Kennenlernens.

27er, na und?

Richtig, geschätzter und kritischer Leser – na und? Warum sollten 27er, also 1927 Geborene, was Besseres oder Interessanteres sein als 28er, 29er, 30er ... und, und, und?

Dennoch wird es vielen Menschen ähnlich gehen, nämlich wissen zu wollen, wer ist auch so alt, so jung wie ich? Mit welchen Lebensabläufen lässt sich meiner vergleichen? Sicherlich sind das nicht die himmelbewegenden Fragen, aber ... Warum auch nicht? Mir schickte ein Freund zum Geburtstag eine originelle Glückwunschkarte. Vorn prangt bunt die Superfeststellung: 1927 war ein Spitzen-Jahrgang. Ich machte mir dann nicht die Mühe, nachzuprüfen, ob das auf allen ähnlichen Pappen auch behauptet wird. Ich vermute stark: ja. Immer.

Also zum 27er »Spitzenjahrgang«!

Als mich im Cottbuser Osten damals eine Hebamme (die ich später persönlich kennenlernte) aus dem Körper meiner Mama Anna Bombeck-Oertel »befreite«, lebten in Deutschland 64 023 619 Einwohner. Mithin, ich wurde für Sekunden der »Einmalige« 64 023 620.

Und das an Interessantem zählen die Statistik-Historiker auch noch auf:

Der Durchschnittslohn eines ungelernten Arbeiters betrug pro Monat 126 Reichsmark, für Arbeiterinnen 93. Und nun könnten sich deutsche Jetztpolitiker an die Brust schlagen: Mann, der Unterschied – fast so wie heute! Ich kommentiere: armes Deutschland, wie bist du anno 2011 erneut zurückgeblieben …

Zu harmloseren Vergleichen: Deutschland hatte 1927 schon 707 971 Autos, und ein Opel Vierzylinder »Lobfrosch« kostete 4000 RM. Ein Kilo Fleisch bekam man für 2,33 RM, einen Liter Milch für 0,14 RM.

Doch auch das ist überliefert: Für ein Kilo Kaffee musste Otto Normal-Verdiener zirka 26 Stunden arbeiten. Und, Achtung! Wie viele Deutsche besaßen schon ein Radio? 1 377 000 Haushalte! Donnerwetter, das hätte ich nicht geschätzt.

Zurück zu mir, dem Cottbuser und fast 9 Pfund schweren Dicken.

Meine Mutter brachte mich an einem Sonntag, dem 11. Dezember, um 11 Uhr vormittags auf die Welt. Ich bin Schütze-Kind und hatte tatsächlich viel, viel Glück.

Hans Rosenthal wäre jetzt hochgesprungen: »Das ist … – Spitze!«

Ich sage: Danke, Mama und Papa.

Im Himmel sehen wir uns wieder.

PS: Ich überlegte lange hin und her: Lass ich das Folgende untern Tisch fallen, oder füge ich es doch dazu. Ja, Sie lesen es bereits, ich fügte hinzu, weil es in diesem Buch speziell um das C – C wie Christliches – geht. Also: Der Bischof Ratzinger, jetzt Papst Benedikt XVI., ist auch 1927 geboren.

Pleiten, Pech und Pannen

Immer wenn wir uns mit Dreck und Pampe bewarfen und manchmal auch Haustüren oder gar Fenster trafen, hagelte es Drohungen. Noch einmal, und du kriegst was hinter die Löffel, das waren noch mildeste Drohungen. Manchmal rutschten den Nachbarn, den Eltern und Omas in der Cottbuser Nordstraße auch lutherisch-deutlichere Mahnungen raus. Was seid ihr für Schweine, lasst endlich die Sauerei …!

Das war anno Tobak, siebzig und mehr Jahre zurück.

Heute juckt mir das Fell, heute im Winter 2010/2011, und ich würde gern an Berliner Rathäusern vorüberziehen und lauthals »Schweinerei, Sauerei!« rufen, schreien.

Wo sind wir hingekommen, wo sind wir gelandet!? Wir, im Land der Klugen, wirklich Klugen, aber auch im Schmutzland der Besserwisser und Klugkacker. Das viele Weiß vergangener Monate hat es ans Licht gebracht. Bei uns sitzen auf zu vielen Stühlen zu viele, die nicht kundig und nicht willig genug sind, ihren Job zu meistern.

Bei Grimm und anderen Wortmeistern wurden sie Nieten und Nichtsnutze genannt. Heute erhalten sie, die Führungssesselbesitzer, Gehaltserhöhungen und Boni. Verdammt noch mal – und weshalb nehmen wir das alles deutschkuschend hin?

Die Berliner S-Bahn, was einstmals Schnellbahn bedeutete, präsentiert Ausfälle, Unzuverlässiges in

Serie, und – erhöht die Fahrpreise! Chefs entließen Arbeitskräfte, um Geld für den Börsengang zu horten, noch höhere Rendite anzusteuern. Rendite bedeutet ganz harmlos »Einkünfte«, doch was geschieht mit denen, exakt, heute und künftig? Wohin sind wir geraten?

Und, oder – die Straßen und Gehwege zur Winterzeit. Nicht, weil ich 80%-Behinderter bin, sondern für alle Fußgänger gesprochen, die älter sind als fünfzig, sechzig, siebzig, achtzig – sie werden zu Wintergefangenen verurteilt, die wochenlang nicht die Häuser verlassen können ohne Angst, sich Arme und Beine, Oberschenkelhalsknochen zu brechen, was mit der Zwangfolge langer Bettlägrigkeit der Weg zum Sterben wäre …

Wer bedenkt das in Rathäusern, in Regierungskreisen, wer lässt es wochenlang geschehen und wird zum Mitschuldigen, ohne dass ihn deutsche Obrigkeiten und die Öffentlichkeit plus Medien zur Verantwortung ziehen!

Hier stimmt etwas nicht? Hier stimmt zu vieles nicht mehr.

Und ich kehre zum Grundthema der Christlichkeit zurück. Was ist damit, wenn sie Protestanten und Katholiken schon bei solchem verlässt, das »Liebe deinen Nächsten wie dich selbst« bereits beim gesetzlich-verbrieften »Ordnung und Fürsorge schaffen« im Winter-Chaos – nein! –, im winterlichen Chaosverhalten auf der Strecke bleibt?

Martin Luther empfahl, dem Volke aufs Maul zu schauen.

Das Volk nennt solche Versager Maulhelden.

Aber einem Teil der Christen bleibt immer noch die Chance des Wegbeichtens. Und das war's dann.

Von Vulpius und Veräppeln

Gedachtes von 1788
Geschriebenes 2011

Was ist ein Satiriker?

> Der Satiriker ist der Mann, der seines Lebens nicht
> sicher ist, weil er die Wahrheit zur Schau trägt.
>
> Christian August Vulpius
> (1762–1827)

Wer ist Vulpius?
Familiär ein Schwager von Goethe. Und ein Unter-
haltungsschriftsteller.

Allein diese Kennzeichnung lockte mich. Unterhal-
tungsschreiber aus der Goethezeit, also runde 200
Jahre zurück? Sein auffälligstes Schriftwerk war sicherlich der Räuberroman »Rinaldo Rinaldini«. Aus
seinem Glossarium weckte ich die Satiriker-Beschrei-
bung. Und ich angelte mir gleich noch einen zweiten
Rettungsring. Den wirft der Römer Juvenal, der mir
schon mehrmals aus der Schlinge half:

> Da ist es schwer, keine Satire zu schreiben.
> (Difficile est satiram non scribere.)

Frische Meldung, eben aus deutschen Tickern geti-
ckert:

Aus einer vom DVVH (Deutscher Verband Vereinigter Heuchler) veröffentlichten Nachricht geht hervor, dass sich mit allergrößter Wahrscheinlichkeit auch 2011 in der Bundesrepublik Deutschland an der Rangreihenfolge deutscher Meisterheuchler kaum etwas verändern dürfte. Fachleute beziehen sich bei dieser Prognose auf diverse Umfrageresultate, die in nahezu allen deutschen Landes-, Bezirks- und Kreisparlamenten durchgeführt wurden. (Übrigens gegen hartnäckige Proteste der dort bezahlten Politiker und Beamten.) Weiterhin verlautet aus DVVH-Führungskreisen, auch ansonsten fröhliche Führungszirkel der Journalistenverbände drohen mit Widerstand bis hin zu Streikparolen. Wobei sich Spitzenkräfte des beruflichen Heuchelns nicht einig sind. Splittergruppen fühlen sich mit dem Ranglistenplatz 3 nicht nur unterbewertet, sie werten das als Beleidigung. Doch nun – endlich! – zur H-Meisterliste selbst.

Platz 1:	Politiker	(Goldmedaille)
Platz 2:	Kirchenkreise	(Silbermedaille)
Platz 3:	Journalisten/Medien	(Bronze)

Aber: Der DVVH ist bis Jahresende 2011 bereit, Korrekturvorschläge entgegenzunehmen. Sie sind mit schriftlicher Begründung und Eulenspiegel-Testat an die Eulenspiegelerben zu senden:

Eulenspiegel Verlag
Neue Grünstr. 18
10179 Berlin

Und, liebe Mit-Heuchler, noch wichtig: Antragsformulare zum Eintritt in den DVVH verteilen die Büros. Zudem, Vertreter aller drei Heuchler-Unterverbände trifft man auch regelmäßig bei Steh-Banketts, egal, wer einlud, bei Skatturnieren, Kegelabenden, Preisverleihungen, kurzum wiederum, überall, wo Essen nichts kostet. Und Trinken auch frei ist.

Prosit, prima Picheln – es soll nützen.

»Ich kann freilich nicht sagen,
ob es besser wird,
wenn es anders wird,
aber so viel kann ich sagen:
Es muss anders werden,
wenn es besser werden soll.«

Georg Christoph Lichtenberg
(1742–1799)

Am Anfang: der Gong

»Ring frei zur ersten Runde …«, das wurden meine Premierenworte ins Mikrofon. Es geschah 1947, da sich in meiner Heimatstadt wieder etwas regte; Sportliches. Ein guter väterlicher Freund, einstens selbst Nationalteam-Boxer, engagierte und organisierte den Nachkriegsneuanfang. Zugleich trainierte er die heimgekehrten Einstigen und die Neulinge. Heute lässt sich das lax und lustig kommentieren: Mühsam nährt sich das Eichhörnchen. Dabei war es für diejenigen Alten, die sich vor den kaputten Karren spannten, eine – Pardon – Sauarbeit und riesige Leistung. Alles ist für Heutige kaum nachvollziehbar. Und das soll – um Himmels willen – kein Vorwurf sein. Wie es schon in der Bibel steht: Alles hat seine Zeit. Unser Dasein, unser Geborenwerden teilt uns dann dem und dem zu. Wer klugscheißert, alles läge bei uns selbst, sollte manchmal besser schweigen.

Ich fragte mich oft auf dem langen, langen Weg: Was wäre geworden, wenn …? Tja, wenn das und das nicht gewesen wäre oder ganz anderes dafür? Ich kann heute noch und immer wieder lauthals Halleluja rufen, und Danke, Danke.

Der Boxring stand damals in den Cottbuser Stadtsälen, und die waren Treffpunkt für vieles. Tanzabende, Kapellengastspiele, Ausstellungsraum, Versammlungsort. Und wir bildeten eben die Boxertruppe, und ich wurde per Zufall deren Ringsprecher.

Wenn ich in den folgenden Jahrzehnten da und dort

in der Welt vom jeweiligen Techniker ein Mikrofon in die Hand gedrückt bekam, musste ich oft an die Cottbuser Premiere denken. Was für ein Zauberding, dieses gewisse Etwas, und ganz besonders weckte es Erinnerungen, wenn ich Boxen übertrug. Mit Wolfgang Behrendts Olympiasieg 1956 in Melbourne, mit Cassius Clay und seinem Premieren-Gold in Rom 1960 und mit dem Besuch bei Max Schmeling für eine damalige Radiosendung mit dem Erinnern an Charlie Chaplin und »Limelight«.

Muhammed Ali

Was Ali mit Heucheln zu tun hat? Gar nichts. Wohl aber mit Halleluja. Deshalb hier: mein Extra-Halleluja für diesen Sportler, einen der Größten aller Zeiten, Halleluja für diesen Menschen!

Immer wieder werden Ali-Erinnerungen wach, immer wieder, wenn ich per TV heutiges Profi-Boxen sehe.

Das erste Mal sah ich Ali, damals noch als Cassius Clay, 1960 bei den Olympischen Spielen in Rom. Er beeindruckte mich wie alle, die im Palazzo dello Sport zuschauten, und bei seinem Finalkampf im Halbschwergewicht gegen Polens Meister Pietrzykowski waren es knappe 15 000. Jetzt, mit dem Zeitabstand von fünfzig Jahren, will ich mich hüten, immer noch ins Schwärmen zu geraten. Aber ich saß am Ring, baff, und erlebte einen Boxer wie später nie mehr, jawohl, niemals mehr. Cassius umtänzelte den Routinier, der ohne Chance war. Wenn für mich jemals der Begriff Faustfechten akzeptiert wurde, dann an jenem 5. September.

Cassius späteres Boxerleben, korrekter, das von Muhammed Ali, wurde in jeder Beziehung filmreif. Als Profifighter, nun im Schwergewicht, empfahl sich der Mann aus Louisville jahrelang zum bestbezahlten Hauptkämpfer, immer gut für kleine und größere Sensationen, für Superkämpfe und auch Flops.

Doch wenn ich heute darüber nachdenke, spielt etwas anderes die Hauptrolle in Alis Leben. Sein Credo. Ali original: »Ich, Muhammed Ali, bin der Größte aller Zeiten. Immer tat ich, was ich mir vornahm. Ich schlug Sonny Liston, schlug Joe Frazier, George Foremann und schlug die Einberufungsbehörde der Vereinigten Staaten. Denn, mir tat nichts Vietnam, und ich tue nichts den Vietnamesen …«

Und Ali trug alle Konsequenzen. Ihm wurden alle Titel aberkannt, er musste Millionenstrafgeld zahlen und wurde zwei Jahre total gesperrt und – kroch nicht zu Kreuze. Wie schon vor Jahren nicht.

Damals, nach seinem Olympiasieg von Rom, feierten ihn in seiner Heimatstadt Louisville die Honoratioren mit überschwänglichem Lob. Doch an folgenden Abenden verwehrten ihm Disco-Türsteher den Zutritt – »keine Schwarzen«. Ali reagierte, schleuderte seine Goldmedaille in den Ohio, seinen Heimatfluss, und versicherte: Diese Stadt sieht mich nie wieder.

So war er, so blieb er. Ein bestaunenswerter Sportler, ein riesiger Mensch. Inzwischen ist Ali achtundsechzig Jahre alt und schwer an Parkinson erkrankt. Doch immer noch und immer wieder versucht er, anderen zu helfen, denen es noch schlechter geht.

Lieber Muhammed Ali, ich bin stolz, dich kennengelernt zu haben.

Du gehörst zu meinem Leben.

Danke.

Geschichte-Geschichten

Sie können es nicht, sie wollen es nicht lassen, Geschichte so hinzubiegen, dass bei einem Vergleichen westdeutscher und ostdeutscher »Aufarbeitung« unterm Strich dann doch (fast) immer westdeutsches »Interpretieren« ein bisschen besser wegkommt. Im Alltag von uns allen ist es allzu oft ähnlich. Mithin: Menschliches. Doch ich meine, Auseinandersetzung mit Deutsch-Deutschem, an Fakten des Geschehens gebunden, ist doch von anderem Kaliber. Dabei polieren Politiker und Journalisten besonders die Waffe Wahrheit, oder?

Gegen Ende 2010 verfasste ein anerkannter und sympathischer Medienchef noch eine »Betrachtung« der Nachkriegsgeschichte und offerierte Nazi-Addiertes da und dort, um zu dem Schluss zu gelangen: »Die deutsche Geschichte, sie eignet sich nicht für Gesten moralischer Überheblichkeit …, nicht im Westen, nicht im Osten.« Er bilanziert: hier Nazis, da Nazis. Und ich widerspreche: So leicht nach dem Motto »Friede, Freude, Eierkuchen« lassen sich Friedenspfannkuchen nicht backen, Herr Kollege.

Ich will es an Miterlebtem beweisen.

Mein Journalistenleben, besonders in Radio und Fernsehen, konzentrierte sich auf Sport und Unterhaltung. Und für Sportgeschichtliches da und dort lassen sich eindeutige Beweise auffälligster Unterschiedlichkeit anführen. Den »neuen« Sportaufbau in der Bundesrepublik vollzogen Männer wie Ritter von

Halt und Carl Diem, die engste Nazi-Kontakte und -Bedeutung beweisen. Unter denen, die den DDR-Sport begründeten, gab es nichts Vergleichbares. Als ich 1952 von den Olympischen Sommerspielen in Helsinki berichtete, lernte ich noch die Männer kennen, die schon zur Nazi-Zeit und ganz speziell auch von den Spielen 1936 in Berlin berichteten und kommentierten. Darunter waren freundliche Menschen, die auch mich, einen »Lehr- und Lernling«, kollegial akzeptierten, was mich freute.

Ein Stadion, mein Stadion

Jetzt, 2011, ist es längst »gestorben«. Doch 1950, als es noch voll am Leben war, wurde es meins. Ja, ich weiß – das will erklärt werden.

Mir war gerade der entscheidende Reporterschritt von Cottbus über Potsdam nach Berlin geglückt, da erreichte mich aus dem Funkhaus in der Masurenallee dieser Auftrag: »Oertel«, vernahm ich Herbert Schmidts zackige Stimme, »Sie übertragen am Wochenende gemeinsam mit Werner Eberhardt vom Mitteldeutschen Rundfunk das FDGB-Pokalendspiel Thale gegen Erfurt, klar?« Na klar – klar!

Nach dem Auflegen des Telefons rief ich mit leiser Stimme, nur ganz für mich: Hurra, hurra, hurra …!

Über sechzig Jahre ist das her, doch ich denke immer noch voller Freude, Genugtuung und Dankbarkeit an das für mich lebens- und berufslebenentscheidende Geschehen. Wenn ich heute die Chausseestraße in Richtung Invalidenstraße entlangfahre, muss ich immer noch und immer wieder – richtig, ich wiederhole mich mit Absicht – an jenen 3. September 1950 denken.

Damals trug das Stadion noch den nüchternen Namen Stadion-Mitte. Später wurde es Walter-Ulbricht-Stadion. Dann Stadion der Weltjugend. Dann namenlos, Grünacker für ein paar Golfspieler in der Beamtenmittagspause, wieder Acker, bis vor ein paar Jahren gänzlich neue Herrscher bauten. Haus an Haus, mächtige Gebäude mit Hunderten, Tausenden Fenstern, und das Bauviereck eingepackt, ziemlich versteckt, getarnt hinter hohen Zaunwänden, ein neuer Sitz, Zweitsitz?, des Pullacher Bundesnachrichtendienstes. Bayerisches vom idyllischen Starnberger See nun gemixt mit Berlin-Preußischem mittenmang in Berlin-Mitte anno 2011 … Wenn's deutscher Spionage dient – na bitte.

Was sein muss, muss wohl sein, sagte schon meine Großmutter. Ich schließe mich hier und heute an. Sogar ziemlich ungeheuchelt.

... und wieder London

Total ungeheuchelt: Bravo für London! Wenn es eine Weltstadt voll und ganz verdient, erneut, und damit bereits zum vierten Mal Olympia-Ausrichtungsstadt zu sein, dann ist das London. Begründungen fallen nicht schwer.

Gucken wir zurück ins Großväterliche der modernen Olympiageschichte.

Nach Athen 1896, Paris 1900 und St. Louis 1904 wurde die Themse-Metropole erstmals Olympiaausrichter. 1908 lud London die Sportler der Welt ein, und 2099 aus zweiundzwanzig Ländern kamen. Ein Kalenderkuriosum: Die Spiele dauerten vom 6. Mai bis 29. Oktober, denn das ziemlich pralle Programm mit inzwischen vierundzwanzig Sportarten enthielt bei den Sommerspielen auch das Eiskunstlaufen. Für den deutschen Sport brachte dies besondere Bedeutung. Annie Huber und Heinrich Burger gewannen die Goldmedaille im Paarlauf. In unserer Olympia-Erfolgsgeschichte wurde es die allererste Wintersportmedaille.

Gut, aber es soll um London gehen, und überhaupt um den englischen Sport. Bereits als ziemliche Sportknirpse hörten wir das Adelswort vom »Mutterland des Sports«, und wahrscheinlich stimmt es, dass Englisches ursprünglich auch den Namen prägte, und auch den Begriff »Wett«-kampf verdanken wir den Engländern, weil die frühzeitig ihre Wett-Lust entwickelten. Die ist bekanntlich mittlerweile über die ganze Welt verbreitet und richtet da und dort (auch) Unheil an.

Fast alle noch heute gebräuchlichen Vokabeln der Sportsprache sind englischer Herkunft. Kostproben? Bitte sehr: fair, foul, finish, team, coach, manager, dribbling, hattrick, start, sprint, camp, groggy, stopper, tackling, clever, fit … Ach was, Schluss, Feierabend, Finish …

Doch um den Faden zu Heuchlern und Heuchelei wieder zu spinnen, muss jetzt das German-English Dictionary ran:

Heucheln ist »feign« oder auch »simulate«, und der Heuchler »hypocrite«.

Damit ist unser oft heuchlerisches Verhalten »hypocritical« …

Das alles zusammen reicht, um beweisend darzulegen, heucheln ist selbstverständlich nicht nur in unserer Sprache, sondern sicherlich in allen Sprachen der Welt möglich – »possible«.

Ich will mit diesem Ausflug ins Semantische nur beschwichtigen. Jawohl, in allen Ländern und Landstrichen der Welt wird geheuchelt. Es wäre dennoch sehr, sehr schwierig, damit eine Weltmeisterschaft zu organisieren. Wer heuchelt am meisten? Wo zwischen Nord- und Südpol sind die heuchlerischsten Heuchler zu Hause? Keine Antwort ist das Minusresultat. Dennoch schlittere ich auf Glatteis, denn gäbe es solche Rangliste, die Deutschen wären nicht »abstiegsgefährdet«. Bitte – wer pfeift da, buht, spuckt Gift und Galle …?

Was ich jetzt schreibe, ist immerhin halbwegs wissenschaftlich bewiesen. Das Wort heucheln ist seit Martin Luther aktiv, und Gott sei Dank, dass sich der große Reformator und Bibelübersetzer so intensiv mit unserem Deutsch befasste. Er machte es von »sich ducken« und »sich verstellen« zum schriftdeutschen »heucheln«.

Ja, ja, ich verstehe. Sie, geneigter Leser, gehen bald knock out, k.o., wenn ich hier weiter Haken und Schwinger schlage. Dabei will ich vor allem Englands sporthistorische Verdienste würdigen. Und das versuche ich weiter.

England stellte vor allem in vielen leichtathletischen Disziplinen erste Weltrekordler. Calmore, Tennant, Absalom, Wilson … zeigten als Sprinter dem »Rest der Welt« die Hacken; und Thorton, Pelham, Gair, Powell … beherrschten so die Mittelstrecken. Beim Weit-, Hoch- und Stabhochsprung war es ähnlich. Also, genug des Lobes. Summa summarum: England, dieses für die weltweite Sportentwicklung dermaßen verdienstvolle Land, wird zu Recht 2012 erneuter Olympiaausrichter.

Nun vollziehe ich gleich und ruckzuck einen für mich weiteren Old-England-Wechsel von Wichtigkeit.

Ewig-Gestrige, die mich und andere für gestrig halten, werden zusammenzucken, wenn ich für sie ein Wort mit dicken großen Buchstaben schreiben werde, und hoffentlich befällt sie keine Galle-Kolik. Jetzt, Achtung: FRIEDENSFAHRT …

Tja, werte Friedensheuchler, so etwas gab es, und es begeisterte viele Millionen, die nach zwei deutschen

Weltkriegen mit zig Millionen Toten von Russland bis Niederlande, Norwegen bis Italien keine stärkere Sehnsucht verspürten, als die zu dauerhaftem Frieden. Ich hatte das Glück des jungen Radioreporters, der nach dem Krieg die des Nazi-Rundfunks mit ablösen durfte, und – mit vielen anderen prima Aufgaben – auch die Friedensfahrten von 1952 bis 1969, also 17mal, als Reporter begleiten konnte.

Das führte mich nach Polen und in die Tschechoslowakei, wo ich viele, viele gute Menschen kennenlernte, die mich, einen jungen Deutschen des neuen, anderen, friedlichen Deutschland freundlich empfingen. Ich ging mit den Gastgebern durch die Nazi-Konzentrationslager von Theresienstadt und Auschwitz, und ich wurde in den Familien der Reporterkollegen aus Polen und der ČSSR begrüßt. Einen herzlichen Dankesgruß schicke ich in den Himmel zu Vithold Dobrovolski, damals Polens Sportreporter Nr. 1, mehr als doppelt so alt wie ich. Er begegnete mir, in den fünfziger Jahren, jedes Mal im Friedensfahrt-Mai, wie ein Vater und Freund.

An der Stelle ist es gut, noch anderes historisch Wichtiges zu benennen.

Westdeutsche, also bundesrepublikanische Radio- und Fernsehreporter, ließen sich, jedenfalls in »meinen« Friedensfahrtjahren, nie blicken. Aus diesem speziellen deutschen Heuchelverhalten will ich das folgende Beispiel erzählen. Bereits 1952, noch vor den Olympischen Sommerspielen in Helsinki, lernte ich bei der Friedensfahrt englische Starter und Begleiter kennen. Ian Steel aus Wolverhampton gewann damals das 12-Etappen-Rennen vor Vesely und Stablewski. Bernhard Trefflich wurde 9. und Täve Schur, noch als ganz junger Dachs, endete auf Rang 10. Klasse!

Doch zu Steel und seinen Begleitern. Als ich ein paar Jahre später nach Wolverhampton kam, um ein Fußballmatch zu übertragen, trafen wir uns »wie einst im Mai«. Altbundesrepublikanische Schwachköpfe kommentierten das als »kommunistische Kungelei«.

Mich interessierte schon, wie jene Gestrigen zu Heutigem stehen, wo wir in einer wieder kriegerischen Welt jedes Jahr in vielen Ländern Friedensfahrten nötig hätten.

Kleines christliches Intermezzo

Alles, alles ist – frei nach Fontane – ein weites, weites Feld. Ich versuche, mich darin nicht zu verlaufen. Die Gefahr ist groß.

Wertvolle Orientierungshilfe fand ich im Buch »Der gefälschte Glaube«. Das schrieb ein Generationsgefährte, der gebürtige Bamberger Karlheinz Deschner. Ihm sei gedankt. Seine Äußerungen sind aber nicht von vorgestern. Sie stammen von 2004 und werden von einem pfeffernden Vorwort eingeleitet. Bitte …

> So viel ist ausgemacht, die christliche Religion wird mehr von solchen Leuten verfochten, die ihr Brot von ihr haben, als solchen, die von ihrer Wahrheit überzeugt sind.
>
> **Georg Christoph Lichtenberg**
> **(1742–1799)**

Und Deschner fügt noch an, was Theologen-Bemerkung ist:

> Was Jesus verkündete, war das Reich Gottes, und was kam, war die Kirche.

Ich las dann auch bei Friedrich Nietzsche, der von 1844 bis 1900 ein dramatisches Leben lebte, Interessantes. Jeder urteile selbst.

Und so macht man es innerhalb jeder herrschenden
Moral und Religion und hat es von jeher gemacht:
Die Gründe und Absichten hinter der Gewohnheit werden immer zu ihr erst hinzugelogen, wenn
einige anfangen, die Gewohnheit zu bestreiten
und nach Gründen und Absichten zu fragen. Hier
steckt die große Unehrlichkeit der Konservativen
aller Zeiten: Es sind die Hinzulügner.

Milon, der Allergrößte

Wir könnten uns beim Streit erhitzen. Wer schaffte mehr? Wohin gingen die allermeisten Medaillen? Und wenn wir Namen aus unserer Lebenszeit in die Debatte werfen, von Birgit Fischer, die als Kanutin achtmal Gold gewann, also Deutschlands Erfolgreichste ist, oder Kristin Otto, die nur bei einem Olympiaeinsatz, 1988, immerhin sechsmal siegte, keine, keiner von Reiner Klimke bis Roland Matthes eroberte so viel Gold wie Milon, der als Größter gilt.

Es ist rund 2500 Jahre her, dass er alle Rekorde brach und sich – wie die alten Griechen behaupteten – unsterblich machte. Hand aufs Herz: Wer erinnert sich?

Uralthistoriker beschrieben ihn als Kraftprotz. Schon als Siebzehnjähriger, 540 vor unserer Zeit, siegte er als Ringer und Kraftmensch. Und wenn wir heute alle seine Kämpfe und Siege bestaunen, können wir nur mindestens ein Dutzend Halleluja rufen. Bevor ich Milons Wundertaten nochmals knapp, ja, nur knapp beschreibe, will ich einflechten, oft zu zweifeln. Jedoch noch Ältere als ich und noch kenntnisreichere Journalisten und Historiker beteuerten und beteuern immer wieder: Glaub nur, ja, das war so, das gab es.

Also: Milon von Kroton galt als Herkules aus Süditalien. Er siegte fünfmal in Olympia, sechsmal in Delphi, zehnmal in Korinth und neunmal in Nemea. Das waren alles Spiele-Orte, denn die alten Griechen dachten und handelten nach dem Motto: je mehr »Olympia«, desto besser, auch für alle, die damals – wie heute – daran verdienten. Und auch damals schon suchten Künstler und Herrscher die populäre Nähe der Milon und Co. Denn auch Theagenes oder Leonidas, der zwölfmal Sieger wurde, galten als altgriechische Helden.

Solches Erinnern reizt auch zum Nachdenken, was damalige und jetzige Berichterstatter verbindet. Ich meine, ich schreibe, ich vermute, Berichterstatter, also Reporter und Historiker, neigen zum Übertreiben. Oder? Soll es tatsächlich stimmen, kann es richtig sein, dass Milon, der Herkules, auch Vielfraß war? Man lese und staune: Er soll täglich 17 Pfund Fleisch und 17 Pfund Brot verdrückt haben und dazu 10 Liter Wein. Wenn ich von mir ausgehe, also von einem zurückgebliebenen und unterentwickelten Fast-Nichttrinker, muss ich annehmen, dieser Mensch war doch ständig besoffen, Pardon, betrunken und – Achtung! – dauerhaft gedopt … Aber, und bitte, man staune, es gibt auch noch diese Überlieferung: Bestimmte Berichterstatter sollen bewusst übertrieben haben, und das auf ausdrücklichen Wunsch der Unterlegenen, die sich so wieder aufwerten wollten.

Parallelen zu Heutigem?

Wie heucheln Sportler? Nicht die Freizeitsportler, sondern die Geldathleten?

Wir wollten nicht vergessen: Heucheln steht verwandtschaftlich dem Lügen nahe.

570:37

Was für ein Resultat? Wer gewann mit solchem Abstand?

Denkste?

Es gewannen die 37, siebenunddreißig. So viele Mitarbeiter des Rundfunks und Fernsehens der DDR berichteten aus Seoul, wo zum letzten Mal Reporter und Redakteure des inzwischen verstorbenen Landes dabei waren. 1988.

Wir sendeten im (mindestens) gleichen Umfang wir ARD und ZDF. Und die wiederum waren mit über 500 Kollegen-Personal dabei.

Ähnliches boten alle anderen Vergleiche, die ich seit den Spielen von 1952 in Helsinki miterlebte. Dort übrigens bot sich ein geradezu unglaubliches Bild. Neben und hinter den Hauptakteuren von Herbert Zimmermann bis Harry Valérien wimmelten Helfer und Helfershelfer plus Dolmetscher. Wir Ostländer waren drei Figuren. Doch als Reporter arbeitete ich allein. Hetzte von früh bis spät dahin, dorthin. Ich beklage das nicht. Es soll nur ein Erinnern an Tatsachen sein. Materiell waren wir immer Unterlegene. Sonst – Hörer und Zuschauer urteilten.

Zurück zum Heute.

Das Nächste werden die Spiele in London 2012 sein. Uns gibt es nicht mehr, klar, und das Team von ARD und ZDF wird sich erneut in den »Aus«maßen wie in Peking oder Athen präsentieren. Wobei meine Spät-Vergleiche sich nur auf Sommerspiele beziehen.

Doch auch zu Winterspielen bot sich immer ein ähnliches Bild.

Jedem gestrigen oder jetzigen Kollegen sei es gegönnt, dabei zu sein. Nur – beide Öffentlich-rechtlichen Anstalten sollten endlich ihr Stöhnen einstellen. Für mich leben sie im Überfluss, meint ein Gestriger, und damit haben sie jemand, auf den sich wenigstens bestens schimpfen lässt.

Nur los!

Große Kleine

Sehr geehrte Leser rund um Köln oder München oder gar am Bodensee ... Ja, ist schon gut, ich weiß, dass ich träume ... Bitte, lesen Sie jetzt trotzdem weiter, denn ...

... es geht um die immer wieder und überall auf der Welt milde belächelten (sogenannten) Kleinen. Um hier nicht lange drumherum zu reden: Hier dreht sich der Ball um deutsche Fußballkleine.

Und damit kein Großen-Fan in Rage gerät, sei auch noch klipp und klar festgestellt: Schalke war immer wer. Ich kannte es – nur vom Namen freilich – als ich noch in Cottbus zu Spielen des CSC Friesen durch ein Zaunloch kletterte. Szepan, Tibulski, Kuzorra, Urban ... – das waren die Dutzende Kickernamen, die ich im Zungenwettstreit mit Klassenkameraden in Rekordzeiten herunterschnurren konnte. Ebenso – ohne jetzt hier lebensspät anzugeben – wusste ich über den Dresdner SC mit Kreß und Hofmann, Dzur, Schön und, und ... Das alles waren Große.

Jetzt mit einem fußballhistorischen Zeitsprung zum DDR-Fußball.

Da galt meine Lausitzer Sympathie den Brieser Knappen, den Babelsbergern mit »Schrippe« Schröter im Tor, auch mit dem Ex-Cottbuser Hanne Schöne. Nur um nicht zu lange bei Heimatlichem zu verweilen, springe ich ruckzuck ins Gegenwärtige. Dazu frage ich: Wo sind die einst Großen? Pardon, wenn ich mich auch hier auf das miterlebte Östliche bezie-

he. Also: Was ist mit der traditionsreichen Fußball-
metropole von einst, Leipzig? Wo sind Halle, Erfurt,
Jena, Magdeburg, Zwickau, Berlin (!) geblieben?

Für vieles gilt: Bon jour, tristesse. Leider.

Nun kommt es: Wo glimmen anno 2011 Hoff-
nungsschimmer?

Zuallererst in Cottbus und Aue. Fußballfans von
Hamburg bis Freiburg sollten damit wenigstens ein
bisschen anfangen können. Landkarten gibt's schließlich überall.

Aber sonst?

Cottbus, wähnten manche einfach gestrickten Kollegen, die einige hundert Westkilometer entfernt auf-
wuchsen, diese Spreestadt läge doch schon in Polen,
oder? Solch Unkundige stolperten über zweisprachi-
ge Beschilderungen. Dabei war, ist das textlich Nicht-
deutsche Sorbisch. Diese mitbürgerliche Minderheit
pflegt mit offizieller und sympathischer Bevölke-
rungsunterstützung ihre Traditionen. Um es nicht-
sorbisch auszudrücken: okay.

Also, dieses Cottbus, zu DDR-Zeiten mit über
120 000 Einwohnern sogar Großstadt, spielte einst
zu Urgroßvaters Zeiten eine deutsche Fußball-Rolle.
Alemannia Cottbus scheiterte zwar 1905 schon gegen
Schlesien Breslau in der Vorrunde (1:5), aber immerhin. 1909 waren die Alemannen nochmals dabei und
schieden gegen Erfurt aus. Das waren alles Endrun-
denvergleiche zur Deutschen Meisterschaft. Etwas
später tauchte in diesem illustren Kreis auch Askania
Forst auf. Dann wurde es, wohlgemerkt, immer aus
Lausitzer Sicht, ziemlich zappendusta. Jetzt muss ich

mir auch einen Ruck geben, um Fußballfreunde aus anderen deutschen Regionen nicht zu verprellen.

Vorwärts ins Heutige!

In einem knappen Satz: So weit vorn im ganzen Deutschland war noch nie eine brandenburgische Mannschaft gelandet! 2011 zählt Energie Cottbus zu den dreißig besten deutschen Clubs. Und Erzgebirge Aue auch. Doch dazu komme ich gleich.

Erst noch frage ich: Wo blieben die eigentlichen Ost-Großen? Warum, wieso wankten, wanken, enttäuschten, enttäuschen die einst Großen?

Ich kann keine Antwort geben, nur an das erinnern, was sich nach 1990 vollzog. Einkäufer, Aufkäufer kamen. Seriöse, Unseriöse. Geld, klar, das immer eine Hauptrolle spielte und spielt, übernahm die Herrschaft. Da hatten Kleinere wie Cottbus, wie Aue erst einmal schnell ausgespielt.

Dabei hatte sich in den fünfziger Jahren die Rolle Aues zur Ost-Hauptrolle entwickelt. Wismut Aue spielte bei 38maliger Teilnahme an DDR-Oberliga-Meisterschaften 1019 Matches! So viel wie keine andere Ostmannschaft. In der Gesamterfolgstabelle von 1949 bis 1991 rangiert Aue hinter Jena, Dynamo Berlin und Dynamo Dresden auf Platz 4.

Beifall rauscht auf. Und von den beiden deutschen Fußballkleinen das etwas größere Cottbus? Die »ewige« Ost-Oberliga-Tabelle verrät: 26. Noch hinter Meerane, Thale, Dessau …

Warum ich das Zusammengetragene bemühe? Um heutigen Fußballfans und allen Sportanhängern zu zeigen: Auch Kleine können Große werden.

Eben, wie Aue und Cottbus, die 2011 in Bundes-
liga 2 gegen (finanziell) deutsche Fußballgroßmeister
konkurrieren: Karlsruhe, Fürth, Hertha Berlin, Düs-
seldorf ..., die bereits Deutsche Meister waren.

Primus Pelé

Er, Edson Arantes do Nascimento, »Künstlername«
Pelé, war siebzehn. Ich, Reporter von den Fußball-
weltmeisterschaften 1958 in Schweden, dreißig Jahre
alt. Nach den Fußball-WM-Übertragungen 1954 in
der Schweiz, wo ich noch vor dem Berner Finale am
geplatzten Blinddarm k.o. ging, wurden die Partien
zwischen Malmö und Göteborg und das Finale in
Stockholm mein zweites riesiges WM-Erlebnis. Dass
es dann immerhin, alles in allem, acht WM-Reporter-
Einsätze werden konnten, danke ich – hm –, wem?
Dem lieben Gott, meinen Chefs, meinen Eltern …?

So oder so aber sage ich größten Dank für das
größte Fußball-Erleben von 1954 bis 1990 vor allem
und immer wieder, bis hier und heute, 2011, dem
»Weltfußballer des 20. Jahrhunderts«. Mit sechzehn
Jahren beriefen ihn die Selecao-Chefs in die brasilia-
nische Nationalmannschaft, und dort brachte es der
»Zauberer vom Zuckerhut« auf 92 Länderspiele, in
denen er 77 Tore schoss. Insgesamt erzielte Pelé in
1363 Matches 1 281 Tore. Als der »König« sein 1 000.
Tor fabrizierte, läuteten in ganz Brasilien die Kir-
chenglocken. Präsident Medici erklärte den Tag zum
Feiertag.

Kurzum, Pelé war und blieb einmalig. Er spielte bei
vier Weltmeisterschaften, wurde in Brasilien elfmal
Torschützen-Primus, ihm gelangen dabei jeweils drei
Treffer in 93 Spielen, vier Tore in 31, fünf Treffer in
sechs, und einmal krachte es dank Pelé sogar achtmal.

Alles, alles sind Superlative eines Superspielers, eines Einmaligen.

1958 beeindruckte er mich so sehr, dass ich noch heute und immer wieder das WM-Finale gegen Schweden als das »schönste Spiel aller meiner Reporterzeiten« lobe. Damals, am 29. Juni 1958, bestritten das Endspiel

Gylmar

N. Santos   D. Santos

Orlando   Bellini   Zito

Zagallo   Pelé   Vava   Didi   Garrincha

Elf Superkönner. Und, lieber Fußballfreund anno 2011, auch der Außen Garrincha war eine Extra-Knüller. Als Dribbelkünstler narrte er die Deckungsspieler bis zur Weißglut. Mit einem X- und einem O-Bein ausgestattet, glückten ihm Tricks, die alle Zuschauer jubeln ließen. Tja, das gab's, und ich danke fürs Dabeisein.

Bei der Radio-Direktübertragung an meiner Seite feierte mein Freund und Wegbegleiter Wolfgang Hempel das Kickerfestival. Sollte es im Himmel Bücher geben, dann grüße ich ihn bis zum dortigen Wiedersehen ganz herzlich.

Mit Pauken und Trompete

Wolfgang Behrendt wird 75

Am 14. Juni ist es so weit. Der allererste DDR-Olympiasieger wird sich und seinen gratulierenden Freunden ein Extra-Ständchen blasen, und das ganze Zeremoniell — wenn es das überhaupt gibt — mit zusätzlichen Späßen unterhalten. Wolfgang ist ein Unterhalter durch und durch. Dass er es wurde, hängt sicherlich mit einem gewissen Talenteglück und seinem Lebenslauf zusammen. Da glückte dem gelernten Schlosser vieles, und er kämpfte sich bis zum Kameramann im Fernsehen und Zeitungsfotografen, der Preise gewann ...

Doch sicherlich ist das Wertvollste diese Olympiagoldmedaille im Boxer-Bantamgewicht von 1956 im australischen Melbourne. Ich durfte als Radioreporter direkt dabei sein. Und das wurde mein Glücksfall. Der vierzigjährige DDR-Leistungssport schaffte es immerhin zu insgesamt 160 Goldmedaillen, 153 Silbernen und 141 Bronzenen. Übrigens: Bei allen Weltmeisterschaften zeigt die Bilanz von 1953 bis 1990: 768 – 680 – 669.

Genug dieser eingestreuten Zahlen, die aber Beweise sind. Da ich aber weiß, wie *heuchlerisch* bestimmte Politiker und Journalisten damit umgehen, will ich auch gern darauf eingehen.

Geschätzte Damen und Herren, Kolleginnen und Kollegen!

Wie ist es um Ihre doch stets geforderte, gewünschte Objektivität noch anno 2011 bestellt? Wie viele Scheuklappen gegen Tatsachen benötigen Sie noch immer? Es wäre zum Lachen, steckte nicht auch eine dicke Portion Dummheit gepaart mit Unverfrorenheit in diesem Kapitel deutsch-deutscher Sport- und Bilanzgeschichte. Zeitzeugen jener getrennten Jahrzehnte leben noch überall von Sylt bis zum Fichtelberg, und die Gedächtniskanäle sollten auch bei der Dauerkälte des vergangenen Winters nicht eingefroren sein. Hoffe ich.

Gleichzeitig bitte ich, gegen alle Ideologiebarrieren, wenigstens um eine kleine Prise Fröhlichkeit und Freundlichkeit beim »Aufarbeiten«. Wer hemmte und wie deutsche Sportentwicklungen im internationen Geschehen? Woher stammen Hallstein-Doktrin und Nato-Dekrete, die den deutschen Sport auf einer Seite böse behinderten? Nochmals bitte, weshalb existieren bis dato keine Kleinstversuche der deutschdeutschen Sportgeschichtsschreibung? Dafür wurden in »kalten« Zeiten extra Institutsteile geschaffen.

Sehr verehrte Damen und Herren Historiker, verloren Sie die Lust und die Laune an unserer gemeinsamen Geschichte und an denen, die sie zu verantworten haben?

Ja, gerade weil ich jetzt schon an Wolfgang Behrendts 75. denke, komme ich darauf, mir solche, wie Sie sagen werden, skurrilen Gedanken zum Thema zu machen.

Und, nicht noch saurer werden, wenn ich nun im folgenden »Heuchler«-Buch-Kapitel noch weitere

Namen, meist Ost-Sportler-Namen nennen will, die zu meiner und auch Millionen anderer Sport- und Lebensgeschichte gehören.

Ulla und Co

Keine, keine Bange! Ich will jetzt nicht ein Feuerwerk von Namenskrachern abbrennen, ich will nur um Verständnis bitten und um nie zu späte dauerhafte Anerkennung für Sportleistungen, die mein Reporterleben reicher machten. Und ich will all denen dafür noch einmal danken.

Ulla, Ursula Donath, Sportpädagogin aus Halle, wurde erste Weltrekordlerin der DDR-Leichtathletik. Sie war Anfang der fünfziger Jahre das Ass über 400 und 800 Meter. Noch in Rom bei den Olympischen Sommerspielen 1960 gewann sie über 800 Meter Bronze. Und deshalb meine jetzige Laudatio, am 30. Juli wird sie achtzig. Täve Schur, der gute, alte Weggefährte, hatte das bereits in diesem Februar geschafft. Aus Dankbarkeit und Verehrung will ich aber auch noch die folgenden Klassenkönner aus gemeinsam erfolgreichen Zeiten nennen:

Egon Czaplewski, über Jahre hinweg der beste ostdeutsche Galopprennreiter, kommt in den Kreis der Achtziger. Jürgen Nöldner und Peter Ducke verstärken den Gala-Kreis der Siebzigjährigen. Weltklasse Torwart Jürgen Croy feiert den Fünfundsechzigsten, ebenfalls Manfred Zapf, Dixie Dörner den Sechzigsten ...

Sind jetzt andere Geburtstags-Jubilare sauer, weil sie ungenannt bleiben? Nichts da. Ehre, wem Ehre gebührt, und das trifft auf alle einstigen Klasseleute in Ost und West, in West und Ost zu!

Würde ein heutiger Westkollege eine solche Jubiläums- und Glückwunschrunde starten, er würde sich auch – nach seinem persönlichen Mit-Erleben – einseitig orientieren. Das schließt die Wertschätzung und Anerkennung anderer überhaupt nicht aus.

Gut, sehr gut, dass der deutsche Sport nach vierzigjähriger Trennung, die Deutsche verursachten!, wieder eins geworden ist!

Ich möchte die Chance gern nutzen und stellvertretend für viele aus westdeutschen Regionen, die gleichermaßen unser Strammstehen verdienen, einen nennen, der meine erste West-Bekanntschaft wurde: Herbert Schade, der Solinger Langstreckler, 1952 in Helsinki Olympia-Dritter über 5000 Meter.

Zudem, ganz klar, und wenn schon, denn schon – in diese Elitekette gehört Waldemar Cierpinski mit hinein. Als Marathonsieger von Montreal und Moskau schenkte er mir Reporterstoff, aus dem die Träume sind.

Noch ein Postulat, eine Überzeugungsfeststellung meines Potentaten, was Mächtigen bedeutet, also für mich der Buch-Chef, der Verleger:

Bitte, schreiben Sie alles – aber kein Sportbuch …

Recht hat der Mann!

Ungeheuchelt.

Sky

O wei. Leider werden mich jetzt nur Sky-Kenner und Nutzer verstehen. Doch das darf mich nicht stoppen, zu Sky, was vorher Premiere war, einige Gedanken »unter freiem Himmel« zu äußern. Da Sky ein Bezahlsender ist, sollte auch keiner (unchristlich) unterstellen, aha, der »erlobt« sich jetzt ein Lebens-Abo. Nichts da, denn …

… Sky ist von der Sache, von der Leistung her gut, ganz überzeugend gut. Es heißt zwar, »Rentner haben niemals Zeit«, was nicht ganz falsch ist, aber ich nahm und nehme mir die Zeit, Fernsehen auch immer noch mit professionellem Blick zu betrachten, zu begutachten. Wobei ich mich beim Privatsender-Programm Sky ausschließlich auf Sport und zumeist auf Fußball-Übertragungen beziehe.

Einverstanden?

Ich hoffe.

Redaktionell Verantwortliche, Regieleute, Kamera-Männer (und Frauen?), kurzum, alle Produktionsbeteiligten liefern Erstaunliches. Nehmen wir das Beispiel Bundesliga-Übertragungen. Sky bietet alles an. Erste und Zweite Liga mit kompletten Konferenzschaltungen und – zur freien Auswahl – noch jedes (!) Spiel einzeln ebenso direkt.

Mein lieber Mann, ich weiß, was das bedeutet, welche umfassende Arbeit und Verantwortung dahinterstecken. Es ist sicherlich auch hier verständlich, dass mich vor allem die Arbeit, die Leistung der Reporter und Kommentatoren interessiert. Und davor ziehe ich (fast) immer den Hut.

Freilich gibt's auch hier ein Leistungsgefälle. Normal. Aber der Guten sind mehr als der Schwächeren. Und den besonders Guten gilt noch ein Extra-Wort. Sie heißen Marcel Reif und Fritz von Thurn und Taxis.

Von deren Tun und Wissen können sich ARD- und ZDF-Sport-Beamte einige Scheiben abschneiden. Dazu frage ich mich heute, wie schon früher, wieder: Wie urteilen eigentlich die Chefredakteure und/oder Intendanten? Gucken die über Gartenzäune, oder lassen sie den lieben Gott einen guten Mann sein, Motto: ist nicht »unser Bier«. Müsste aber! Sport, speziell Fußballübertragungen, sind von Norwegen bis Italien, von England bis Russland immer Programm-Schlager. Und das nicht nur bei Welt- und Europameisterschaften und Champions-Liga. Da strahlt überall der Himmel blau. Bei Sky doch ebenso »unter der Woche«. Indes, wer staatlich gesicherte Gehälter bezieht, sieht die Welt wahrscheinlich anders, und den Himmel sowieso dauerblau.

Aus dem Galaterbrief

Die »Frucht des Geistes« im Leben
eines Gläubigen ist
Liebe, Freude, Friede, Langmut,
Freundlichkeit, Güte, Treue,
Sanftmut, Enthaltsamkeit;
gegen all dies ist das Gesetz nicht.

Galater, 22-23

Dooofes für Dohfe?

Erschreckliches, was uns schon so oft Sprachrefor-
mermeister und dann wieder Sprachverformungs-
meister und dann wieder Sprachwichtigtuercham-
pions vorsetzten. Dumm dran sind nur wieder und
immer wieder wir, die uns mit dem vom »Rat für
deutsche Rechtschreibung« Offerierten anfreunden
sollen. 16 (!) Reformschreibweisen seit 1996, die dann
immer wieder rückgängig gemacht wurden. Wie gesagt, der Schlamassel kam von »Rat«-Tüchtigen und
Wichtigtuern.

Wer erinnert sich noch?

Vorgeschlagen war unter anderem: Krem, Scharm,
Kupee oder Butike … Schofför, Kautsch … Toll,
was?! Doch ich biete hier nur eine winzige Auswahl
des Haufens »wissenschaftlicher« Leistungen an. Und
dazu das: Vier Jahre »forschten« vierzig Ratsmitglie-
der! Es gab zehn Tagungen in sechs europäischen
Ländern, und man fragte sich, wer aus welcher Kasse
diese Münchhauseniade bezahlte.

Nun könnten wir Normalbenutzer unserer Sprache dummerweise vermuten, da musizierte ein Lai-
enorchester. Denkste. Unsere Deutsche Akademie
für Sprache und Dichtung versuchte gleich mit, auch
am zigmal verstolperten Problem Groß- und Klein-
schreibung, neuen Unfug zu stiften. Theodor Ickler,
ein Meister seines Sprachkritikerfachs, hatte es so auf
den Punkt gebracht: Wahrscheinlich handelt es sich
nur um einen »Jux«.

Für solche Juxe (richtige Mehrzahlbildung?) sind deutsche penetrante Bürokraten aller Couleur immer gut. Ob Zwangseindeutschungen oder Reformerisches. Schade eigentlich, dass es hierbei keine reelle Chance gibt, festzustellen, ob wir auch bei diesem Tun Mit-Weltspitze sind.

Besonders tröstlich ist aber auch, dass es ein Gerichtsurteil gab, wonach »außerhalb der Schulen keiner gehalten ist, diese Rechtschreibungs-Salti mitzudrehen«.

Tief durchatmen.

Talk-Teig

Was Talk sein soll, weiß heutzutage jedes Kind ab zehn Jahren. Schließt solches Bemerken gleichsam Lob ein? Fest steht, im gesamten deutschen Fernsehen wird »getalkt«. Ich setzte das letzte Wort in Gänsefüßchen, weil ich mir nicht sicher bin, ob es von deutschen Sprachgralshütern generell geduldet wird. Es ist auch zu merkwürdig, freundlich ausgedrückt.

Ich talke
Du talkst
Er
Sie talken
Es
Wir talken
Ihr talkt
Sie talken

Uuuuuh, deutsche Sprache, schwere Sprache geworden?
Oder wie es in Lessings »Minna von Barnhelm« der Riccaut de la Marliniére rausquetscht:

Oh, was ist die deutsch Sprak
für ein arm Sprak!
Für ein plump Sprak!

Arm, plump, schwer?

Wenn wir deutsche Politiker sprechen hören (müssen), könnte man das unterstreichen, aber vielleicht besser in der Reihenfolge: plump, plumper, am plumpesten. Solchem Kritisieren könnte entgegengehalten werden, was schon Martin Luther empfahl, »dem Volke aufs Maul zu schauen«. Oder wir geben Ernst Moritz Arndt recht: »Alles muss der Mensch lernen, der auf Bildung Anspruch machen will: nur seine Sprache will der Deutsche nicht lernen, sie soll ihm von selbst kommen.«

Ach ja, eigentlich wollte ich nur etwas zum »Talken« ausdrücken. Und warum Teig? Das wählte ich gern, weil es unter anderem ursprünglich das gotische »deigan« als Wortstamm besaß, und das bedeutet »kneten«.

So ist es.

Beim »Talken«. Zum zig Malsten wird durchgeknetet, was wir alle schon lasen, hörten, wussten. Anfangs dachte man, hoffte man, den heutigen Talkmastern (!) müsste bei ihrer Knete doch Originelleres einfallen als nur sitzen und aufs Info-Kärtchen gucken, ablesen. Es gibt Ausnahmen. So sucht Plasberg nach neueren Wegen.

Nun wird von mir Selbstkritisches erwartet. Richtig! Manchmal, wenn ich nach »Porträt per Telefon«-Sendungen, die immer, ohne Ausnahme Live-Sendungen waren, nach Hause fuhr, dachte ich: »Hättest du geschwiegen, wärst du ein Philosoph geblieben.«

Es soll in unserer Geschichte vor über 1000 Jahren einen deutschen Kaiser mit Namen Karl der Dicke gegeben haben. Geschichtsschreiber meinen, seinen lateinischen Leitspruch zu kennen: Os garrulum intricat omnia, deutsch: Ein geschwätziger Mund verwirrt alles.

Deshalb ganz schnell »Schluss mit solchem Talken«.

Moderatoren – bitte, was?

Um sich festzulegen, sollte man oft nach dem Ursprung, nach dem Wortstamm suchen. Hier ist es ganz einfach. »Modera« ist italienisch und bedeutet »mäßigen«, »einschränken«. Daran sollte jeder mögliche Kontrakritiker denken, wenn er sich mit meinen Bemerkungen auseinandersetzt. Ich konzentriere mich dabei auf in Radio und Fernsehen Tätige, denn »moderiert« wird heute da und dort. Es ist »in«.

Auch das noch vorausgeschickt: Ich bin kein Nestbeschmutzer. Rund vierzig Jahre versuchte ich mich da und dort, und über Reportieren und Kommentieren hinaus war ich auch Moderator. Deshalb drücke ich als nun »Verbraucher« denen die Daumen, die das per Mikrofon meistern, meistern wollen.

Genug des Anlaufs, jetzt wird gesprungen.

Wie bei jeder Tätigkeit: Es gibt immer Gute und Weniger-Gute und Schlechte. Nur, die Letztgenannten wollen das nie wahrhaben. Und wenn dann noch Chefs hinter ihnen stehen, dann ist das Malheur perfekt. Wohlgemerkt: Ich beziehe mich ausdrücklich auf Radio- und TV-»Schaffende«. Und da deren Angebot inflationistisch groß ist, will ich meine Gedanken noch konzentrieren. Hier auf das, was die Öffentlich-Rechtlichen sind, die von unseren Gebühren überleben. Der Dschungel der Privaten ist kaum noch überseh-, überhörbar.

Mein Haupteindruck: Sogenannte Moderatoren sind auch deshalb »nur« Moderatoren, weil sie anderes, also Reportieren und Kommentieren, nicht können. Nochmals: Achtung, Achtung – dies ist immer vorrangig auf den Sektor Sport bezogen!

Nun endlich zum Kern. Was haben diese Moderatoren zu sagen? Meist nichts oder zu wenig, denn die Hauptsache kommt nach ihnen. Deshalb eigentlich sind sie (meist) überflüssig und auch Bremser, Verzögerer.

Klar, dass mir keiner der Gemeinten zustimmen wird. Aber es trifft für Hartmann ebenso zu wie für Delling, Kerner …

Noch unangenehmer wird die Situation, wenn Moderatoren im Doppelpack antreten, wenn es Stafetten gibt, also der eine gibt weiter an den oder die anderen. Brrrr …

Und es werden Experten präsentiert. Manchmal tut das gut, jawohl, wenn – beispielsweise – so angenehme und zurückhaltende wie Günter Netzer zu Wort kommen. Der kann's. Andere, wie Mehmet Scholl, nur sehr eingeschränkt.

Selbstverständlich sind alle »Urteile« dieser Art individuell, und – wie hier – zu professionell. Ich kann nicht anders. Viele Normal-Verbraucher wollen es gar nicht anders. Sie nehmen, wie's kommt. Warum nicht?

Nur, wenn ich nach einem aktiven Mitmacher-Zeitraum von 1949 bis 1990 und dann über weitere zwanzig Jahre hinweg als nicht unkritischer Seher und Hörer laut beziehungsweise lesbar nachdenke und Mini-Bilanzen ziehe, muss es halbwegs deutlich sein und bleiben. Als Lehrbeauftragter zum Rhetorik-

Grundproblem versuchte ich an den Universitäten Leipzig, Berlin und Göttingen meine Kenntnis gepaart mit meiner Meinung darzulegen.

Da es zudem im Buch um Christliches und Heuchlerisches geht, will ich christlich-philanthropisch bleiben und jedes anderen Meinung selbstverständlich auch so begrüßen.

Bitte!

Scharlatane

Sie bewimmelten jede Gesellschaft. Ich durfte viele Exemplare davon kennenlernen. Oft sind ganz witzig-freundliche Menschen darunter, und das wiederum macht es manchen anderen schwer, nicht auf solch Meisterliche hereinzufallen. Viele handeln dabei auch nach dem Uralt-Motto:

Kleider machen Leute. Das sind die Getarnten.

Ziemlich ungetarnt agieren jedoch viele im weiten, weiten Feld der Medien. Für spezielle Medienanbieter sind sie dann auch beste Köder für die Hörer- oder Zuschauer-Angler.

Eine Zeitlang nahm ich — dummerweise — meinen Ärger ernst. Doch beim Diskutieren da und dort ließ ich mich belehren. Menschenskind, das gehört ganz einfach dazu! Ein erheblicher Teil des Publikums, Leser-, Hörer-, Zuschauerschaft, will das so. Selbst Ausgeflippte, je oller, desto doller, werden nicht nur mit Augenzudrücken gewollt — sie werden ausdrücklich gewünscht. Gäbe es diese Typen nicht, man müsste sie — heutzutage! — ganz dringlich und schnell erfinden.

Ein Johann Jakop Dusch versuchte sich bereits vor rund 250 Jahren an dem Thema und erdachte diese Erklärung: »Ein böser Scharlatan macht erst Gesunde krank, damit er helfen kann.«

Zugegeben, das ist für meine Kennzeichnung hier und heute kaum zu gebrauchen. Es kann allerdings helfen, die Behauptung zu stärken, dass Scharlatane immer unter uns weilten und stets versuchten, ihren Job zu machen.

Gefährlicheres Denken ist, wäre, jetzt, 2011, in dieser Gesellschaft Scharlatane lauthals zu benennen. Hier dient allen nur Dschungel-Ähnliches oder DSDS-Kapitelchen.

»Pfui! Schäme dich, dass du nach Ruhm verlangst! Ein Scharlatan bedarf nur Ruhm zu haben.« Dieses Abstrafen stammt von …? Ja, von unserem Groß-meister Goethe, was uns beweist: Er befasste sich eben mit allem und allen.

Vielleicht sollte nach meinem heutigen Gedenkan-stoß jeder Leser einmal versuchen, sein Lebensum-feld nach Neuzeit-Scharlatanen abzusuchen. Schaden kann es nicht.

Spinner

Jawohl, noch eine Menschgruppe reizt beim Zeitunglesen, Radiohören oder Fernsehgucken meine — natürlich schon etwas lebensmüden — Nerven. Es ist die Spezies Star- und Show-Verkünder.

Stars, Stars, Stars ringsherum. Es wimmelt. Wie in der Ameisengesellschaft. Allerdings, die noch echte Natur! hat ihre Hierarchien, Ober-Ameisen, Unter-Ameisen, Star und Sternchen unter diesen tüchtigen Zigzigzigmilliarden-Populationen.

So, und nun zurück zum Einst-Tier. Wir Ex-Affen verhalten uns affiger, als das Affen können. Irgendwann auf unserem Weg als Sternchenmitbewohner im riesigen, unbeschreiblich riesigen Weltall kam es dem Lebewesen Ex-Affe und Heute-Mensch in den Sinn, vermeintlich besondere, besonders zu feiernde mutierte Affen *Star* zu nennen. Stern unter Sternen! Wer einstens mit dieser Torheit startete, ist natürlich nicht mehr auszumachen. Im Persischen verheißt es: Der Tor braucht einen Keulenschlag, wo dem Weisen ein Wink genügen mag.

Mag sein, dass in unserer heutigen Gesellschaft zu viele eins mit der Keule abbekamen. Auch unter den sonst doch wahrscheinlich Weiseren in allen Medien, den Vervielfältigungsanstalten. Alles braucht heute seine Stars. Unter Künstlern und denen, die sich dafür halten, ist das Sterne-Feiern speziell und oft gewaltig — sternig. Doch es sickerte längst in alle anderen Menschengruppen ein, von Politikern bis Pastoren,

120

von Journalisten bis zu Juroren, Hebammen und Pathologen, überall Stars, Sterne, ein Himmel auf Erden. Statt Orion, Pegasus, Großer Bär und Kleiner Bär nun Barth und Bohlen, Pocher, Raab … Bitte: Es breche keiner jetzt den Stab! Ich meine es ernst, sehr ernst, eben sooo ernst wie das Sternengewimmel am Himmel die Promi-Erde noch sortieren kann. Lena, Cindy, Olly und Molli – ach, ich hinke hinterher, auch deshalb, weil mir manchmal das Riesenfernglas von Professor Herrmann im Berliner Plänterwald zu weit entfernt ist. Übrigens eine prima Sternwarte!

Ja, liebe irdische Star-Gucker, wir dürfen uns glücklich schätzen, noch ist Hollywood auch ein bisschen weit weg, aber hollywoodisch kann es überall zugehen, wenn wir alle wenigstens täglich eine dunkle Brille tragen.

Dann passten wir auch in fast jede Show! Denn das ist das andere irdische Wunder geworden. Show – wie toll das klingt! Rate-Show, Wissens-Show, Gesundheits-Show und Trumpf der Trümpfe – Kochshow! Immer ein Ass im heutigen Programmskat. Um endlich zu noch höherem TV-Fortschritt beizutragen, verrate ich jetzt erstmals: Ich tüftle seit zirka fünfzig Jahren, beginnend damals noch in Adlershof, dort nicht *im* Studio, sondern dicht neben der Akademie der Wissenschaften in einem Spezial-Labor, und ackre immer noch, nun zu Hause, weiter und zwar – pst, nicht weitersagen – am Duft-, am Geruchsfernsehen …

Man stelle sich vor: Der Zuschauer sieht Cindy oder so, Jauch auch, alle Großen, Sterne eben, und riecht sie …! Mich überfielen beim Forschen schon die verrücktesten Ideen. Im Arbeitszimmer, beim Kontakt mit der Schreibmaschine, die eigentlich weiblich ist, tröpfle ich mir abwechselnde Duftflüssigkeiten auf die Hände, und im Korridor, immerhin einige Meter entfernt, muss meine Frau versuchen, diese zu erriechen … Das sind echte Spinner-Fortschritte. Sie nutzen und füllen nicht nur Sendezeit und entlasten dann das dürftige ARD- oder ZDF-Portemonnaie …

Tja, die Spinne ist ein lobens- und ehrenwertes Tier, dem ich wegen des Aberglaubens, dem ich diene, nur nicht morgens begegnen möchte.

Als Spinner ginge ich auch, das lesen Sie gerade. Aber, ich hätte es in dieser Gesellschaft mit einer riesigen, sternenreichen, starwimmelnden Übermacht zu tun.

So sag ich mir, bleib beim Leisten, so lange du es dir leisten kannst.

Star frei!

Ewiges Leben, Überleben den Billionenundnochmehrbillionen! Ich bitte um Irdisches. So lange es geht. Und immer wieder Grüße für Jesus-Christ-Superstar.

Übrigens, in einem schon viele Male gesendeten Fernsehsketch fragt mich die unvergessene und in ihrer meisterlichen Art einzigartige Helga Hahnemann: »Sag mal, spinnst du schon immer so …?«

Marathonisches

Ja, ja, ja – ich habe nicht nur für Marathon viel übrig, ich verehre das Marathongeschichtliche und alle Marathonläufer. Dabei nicht nur die Sonder-Asse von Bikila Abebe bis Waldemar Cierpinski, denen ich so viel zu verdanken habe. Nein, ich ziehe tief den Hut vor jedem Marathonfreizeitläufer.

So weit, so wirklich gut.

Doch nun gibt es in unserem Alltäglichen des 21. Jahrhunderts Geschehnisse, für deren Kennzeichnung der Marathonbegriff eigentlich viel zu schade ist. Voller Ärger im Kopf gebe ich nur ein Beispiel wieder, ein Berliner Beispiel, das aber ähnlich ist für die meisten städtischen Bauvorhaben.

Straßenbau! Nicht nur wochenlang, manchmal nicht nur monatelang, sondern jahrelang schleppen sich solche Vorhaben dahin. Straßen werden zwangsgesperrt, Umleitungen, belästigen nochmals viele, weil es »vor Ort« nicht normal-zügig vorwärtsgeht. Was ist da los? Warum werden dadurch tagtäglich Tausende verärgert, auch alle, die zur Arbeit fahren, die nach Hause wollen? Warum, verdammt noch mal?

Ist das inzwischen abgeschafft, wozu Baubehörden und alle anderen in Rathäusern Verantwortliche bestimmt wurden? Dabei ist das zusätzlich erschreckend: Man geht, fährt an solchen Dauerdauerbaustellen oft vorbei und sieht keinen Menschen! Manchmal werkelt einer, oder zwei … Wie erklärt sich das auf den Arbeitsämtern einer Kommune? Gibt's zu wenig Bauarbeiter und Baufachleute? Gibt's dafür kein oder zu wenig Geld?

Und warum müssen wir Betroffene uns überhaupt einen Kopf deswegen machen? Da sind doch die Bezahlten an Schreibtischen und Ämtern?

Alles ist sehr erstaunlich. Am erstaunlichsten aber, dass sich das steuerzahlende Bürger dauerhaft gefallen lassen.

Eiszeitwiederkehr

Wenn es nicht so sehr zum ärgerlichen Spucken wäre, Lachen, lauthalses, hätte das verdient. Schnee und Eis bedecken (und verdrecken) Dörfer, Städte und die deutsche Hauptstadt mit Namen Berlin.

Die S-Bahn, einstens hauptstädtisches Meisterstück, bestaunt, bewundert von Fremden und Gästen, beschenkt Einheimische und Angereiste wochenlang mit kläglichem Versagen. Unzuverlässigkeit statt Pünktlichkeit und dazu rammelvolle und meist zu kurze Züge. Schimpf und Schande!

Wen trifft solches Urteil?

Wer sind Schuldige?

Geld- und Profitgierige, die sich auch hier Manager nennen, managen uns Mist. Hunderttausende Berlinerinnern und Berliner müssen ebenso wie Hunderttausende Gäste dieser »Welt«stadt den Dreck ausbaden, den Gutbezahlte uns Tag für Tag bescheren.

Wie ist so etwas überhaupt möglich?

Weil die verantwortliche Politik erneut versagte.

Mit sturem Blick auf Renditen, auf Börsengewinne und damit auch persönliches »Verdienen« ließ man, lässt man solche Gesellschaftsmissachtende gewähren. Sie entließen aus den notwendigen Reparaturwerkstätten dringlichst zu gebrauchende Fachleute. Den »auf Einsparungen« Bedachten war stets persönliche Kontoaufstockung wichtigstes Ziel – und man ließ sie gewähren. Man – das sind die politischen Spitzenkräfte dieser 3,5-Millionen-Einwohnerstadt und die Zigtausende täglichen Mit- und Zuarbeiter, die von Rundherum anreisen und auf Anweisung arbeiten.

Partielle Resultate bringen Berlin Schimpf und Schande, bewusst nochmals so beschrieben.

Und wo sind die Arbeitsleistungen der für Straßenordnung Zuständigen? Zigtausende Menschen werden an ihre Wohnungen gefesselt, weil Straßen und (einst sogenannte) Bürger(!)steige kreuzgefährlich sind.

So lernen wir im 21. Jahrhundert eine Witterungsgefangenschaft kennen, die uns Steuerzahler und wohl immer noch Obrigskeitsgläubige wütend in die Rathäuser lenken müsste …

Ja, das ist die Tonart von Wutmenschen.

Auf dieses Berlin-Problem schimpfe ich wie Hunderttausende andere auch.

Und ich schäme mich. Für andere.

Ist das unser Berlin?

Nicht vom Winde verweht, sondern vom Frost verschreckt?

Kinder fragen: Zum Mond konnten Menschen schon fliegen, und der herrliche Erdball wird dauerhaft umkreist. Beifall für Kosmonauten. Und hernieden?

»Einzelne wenige zählen, die übrigen alle sind blinde – Nieten«, hieß es schon bei Schiller. Von Friedrich dem Großen stammt der Ausspruch »Etwas niedriger hängen«. Das fällt mir hier und heute, 2011, schwer, sehr schwer.

Mens sana in corpore sano

Auch das dachte der geniale Juvenal. Ein gesunder Geist in einem gesunden Körper. Gilt ebenso umgekehrt: im gesunden Körper ein gesunder Geist? Wahrscheinlich doch. Mithin wären alle liebenswerten und auf gesundes Leben Bedachten exakt auf der richtigen Spur, oder?

Mal ganz simpel überlegt: Ich rauche nicht, lass Alkoholisches fast immer links liegen, esse kalorienarm, treibe Sport oder bewege mich mindestens alltagsviel. Und dann ist der Lebenshimmel blau. Schön wär's, ging es so.

Da ist ja noch das sogenannte Schicksal, das zuschlagen kann. Bis hin zum Bösesten. Der Nichtraucher, Nichttrinker, Bewegungsvorbildliche kriegt trotzdem Krebs. Ja, so ist es, so kann es sein. Aber da der Mensch als klügstes und begabtestes Tier gilt, weiß er (zumeist) auch das einzuordnen.

Jeder, fast jeder zumindest, wird verstehen, wenn ich nun noch eine besondere Lanze für den Sport breche. Leistungssport, Elitesport, egal wie man es kennzeichnen will, spielt dabei keine Rolle. Jedermann-Sport ist, dies ausschließlich zum Vergnügen und vom Verstand gesteuert zu tun und – kein Geld zu bekommen, sondern dafür noch selbst Geld auszugeben. Ich meine, es gibt kaum eine vernünftigere Kapitalanlage als diese. Und: Das ist auch »gesunder Geist«.

Absolut ungesund ist, was im sogenannten Leis-

127

tungs- oder Spitzensport für Geldsummen fließen. Ich kenne weltweit nicht einen einzigen Sportler – aller Eliten von Fußball bis Golf oder Motorsport einbezogen –, der das verdient, was er bekommt. Zwanzigjährige Fußball-Millionäre sind eine Bankrotterklärung menschlicher Vernunft. Da regiert weder Sachverstand noch gesunder Geist. Lessing gab in »Emilia Galotti« der Orsina unter anderem auch diesen Text: »Wer über gewisse Dinge nicht den Verstand verliert, der hat keinen zu verlieren.«

Mir fällt dazu noch ein anderes, immer wieder aktuelles Beispiel ein.

Fußball-Bundesliga. Zuschauer. Beispiel: Spitzenelf Borussia Dortmund. Das großartige Stadion fasst 80 000 Zuschauer! Darunter sind – wahrscheinlich – bei jedem Spiel auch Tausende Arbeitslose oder Geringverdiener. Doch sie geben von ihrem Geld noch den Millionären, die dort auf dem Rasen »circensis« bieten …

Ich will keinem zu nahe treten, jeder entscheidet für sich, alles okay – aber wundern darf man sich wohl.

Mens sana …?

Strittmatters

Es machte mich stolz, und ich bin traurig.

Gerade jetzt, da ich die letzten Seiten fürs »Hallelu-ja« in die alte, fast fünfzigjährige »Erika« aus Sömmer-da tippe, fällt ein dunkler Heimatschatten aufs helle Papier. Gerade, ja, ich dopple es, hat 2011 begonnen, und immer noch mit dickem Schnee und dauerstar-kem Frost, erreicht mich auch die Nachricht vom Tod Eva Strittmatters.

Eine Meldung, die viele Erinnerungen weckt.

Erwin Strittmatter, Evas Mann, fünfzehn Jahre älter als ich, ruht seit Jahren auf dem kleinen, idyl-lischen Friedhof von Schulzenhof, das bei Dollgow liegt, und das wiederum ist zirka zehn Kilometer von Gransee entfernt und das wiederum wohl keine hun-dert von Berlin. Alles gehört noch zu Brandenburg, und mir ist das besonders wichtig und teuer, weil ich gleichfalls Brandenburger bin. Seit Jahrzehnten lebe ich freilich schon in Berlin, aber die wichtigen und wertvollen Kindheits- und Jugendjahre verbrachte ich, erfüllten mich in Cottbus.

Und nun endlich finde ich zurück zum Strittmat-ter-Bezug. Er, Erwin, lebte anfänglich in Sprem-berg, genauer bei Spremberg, in Bohsdorf, und dort spielten auch seine Romangeschichten »Der Laden«, »Tinko«, »Ochsenkutscher«, »Der Wundertäter«, »Ole Bienkopp«, »Ponny Pedro« und, und, und …, alles weitere Titel, Zeugnisse seiner reichen Autoren-Le-bensleistung.

Erwin Strittmatter war geschätzter, beliebter, geehrter DDR-Autor, was ihm freilich wendige Historiker und Literaturkritiker vorerst im neusten Deutschland übelnahmen. Erwin wurde auch einer der ersten DDR-Nationalpreisträger. Ich erwähne es deshalb unterstreichend, um Heutigen vorzuschlagen: Wäre es nicht interessant, anno 2011/2012 eine vergleichende Zusammenstellung zu offerieren, wer für welche Autorenarbeit da und dort Auszeichnungen (und von wem gestiftet) empfing?

Nochmals zum Abschied von Eva Strittmatter.

Ich bestaune allein schon die Fülle ihrer meisterlichen Poesie. Für mich ist sie ein »Poeta laureatus«, lorbeergekrönter Dichter.

Zum Beweis dessen könnte ich nun viele Verse vorzeigen. Ich wähle drei Strophen aus dem mir Wichtigsten und Schönsten.

Letztes Gedicht

Wäre dies meine letzte Stunde
Und wär das meine letztes Gedicht:
Wie setzte ich die Worte
Für das große Gegengewicht?

Ach schrecklich ist es zu sterben.
Das Tändeln mit dem Tod
Ist nur möglich, solang er noch fern ist,
Aber nicht, wenn er vor uns droht.

Die Erde reißt mir zu Füßen.
Und es ist nicht vollbracht.
Für alles muss ich jetzt büßen,
Was ich nicht wahr gemacht.

Brief zum Himmel

Für Agnes Kraus
Zum 100.

Liebe Agnes,
gerade, im vergangenen Februar, ehrten wir Dich, und dort in Berlin-Friedrichsfelde, wo Du mit Deiner Schwester wohntest, wo ich Dich besuchte, erhielt eine Straße Deinen Namen. Du könntest im Himmel stolz sein. Doch ich höre gleich: stolz? So'n Quatsch, stolz, wenn man so alt wie eine Eule wird ...

Gestatte mir aber wenigstens, auf Dich stolz zu sein. Du warst eine einzigartige Schauspielerin, unübertrefflich in Deinen Rollen, und – jetzt kommt es – Du warst auch unübertrefflich in unserer »Proträt«-Sendung. Das ist alles weit über zwanzig Jahre her, aber ich vergaß nichts.

Nach zwei Vorgesprächsstunden in Deiner Wohnung, die Du mit Deiner Schwester teiltest – und Deine Schwester gab auch in unserem Gespräch den Ton an –, war ich für die Live-Sendung vorgewarnt. Du hattest deutlich kommentiert, wie das zu UFA-Filmzeiten war, wie man zu Regisseuren geladen wurde, einmal sogar bis zu Goebbels, einem der Nazi-Obersten ...

Tja, alles, alles hochinteressant. Aber als ich Dich dann zur Live-Sendung abholte und wir gemeinsam im Wartburg nach Adlershof ins Studio fuhren, überlegte ich die ganze Zeit: Wäre es nicht gut, Agnes zu bitten, zu warnen, doch diese UFA-Zeit am besten nicht anzusprechen? Doch auch hier – feige, wie es meist nur Männer sind. Ich traute mich nicht. So hockte ich dann in der Sendung mit heißem Hintern, schielte oft heimlich auf die Uhr, wie lange noch?, und drückte die Daumen: Hoffentlich kommt Agnes nicht auf das UFA-Thema …

Sie kam nicht. Gott sei Dank.

Aber *das* kam.

Auf der Rückfahrt fragte mich Agnes: Na, wie hat dir die Sendung gefallen?

Prima, Danke, ich war sehr zufrieden.

Doch das reichte Agnes nicht.

Sag doch mal, was war Besonderes, oder?

Und ich Trottel antworte: Besonders, Agnes, gefiel mir, dass wir nicht über die UFA-Zeit sprachen …

Ich dachte, Agnes rastete aus: Wieso, warum haben wir das vergessen, warum hast du nicht danach gefragt?! Ich verharrte, mucksmäuschenstill. Blickte stur auf die Straße. Und dann explodierte sie: Es gibt nur eins, du gehst zu Adameck (das war der DDR-Fernseh-Oberste) und sagst, diese Sendung muss noch mal neu gemacht werden, ich, Agnes, will das so …

Seither wolkte über unserem »Verhältnis« leider ein Schatten. Nochmals, liebe gute Agnes im Himmel, ich umarme Dich in Gedanken und drücke Dich. Du warst für viele, viele Zuschauer der beste »Porträt«-Gast, den ich in 254 Sendungen begrüßen durfte.

… und nun?

… Nach rund einhundert Seiten Nachdenken übers Heucheln – was bleibt unterm Strich? In diesen Schreib-Wochen verwarf ich jenes Fazit und dann wieder ein anderes. Immer blieb übrig: Heucheln ist nichts Gutes, aber es existiert weit Schlimmeres auf dieser Welt, in allen Gesellschaften und auch in unserer. Der Knackpunkt aber, der mich initiierte und unterwegs immer aufs Neue inspirierte und anspornte, war – Achtung – christliches Heucheln. Generelles Heucheln, Alltagsheucheln zu diesem und bei jenem, ist weltweit flächendeckend verbreitet wie allgemeines Lügen, Unehrlichkeit, harmlose Besserwisserei und, und …

Nochmals, und dick unterstrichen: Das Heucheln von Christen ist es, und dabei wurmt noch speziell und besonders, wenn es von C-Offiziellen, von C-Oberen kommt.

Was Mark Twain einst sagte: Wir seien wie der Mond, der auch eine dunkle Seite hat, sie jedoch niemals zeigt, stimmt doch, oder etwa nicht?

Insofern will ich die für mich noch wichtigen Gedanken so einleiten: Werte Mit-Heuchler, wir sitzen alle in einem Boot, und das geht nur dann unter, wenn wir uns alle auf eine Seite drängen, nach backbord oder steuerbord.

Das lässt schlussfolgern, Heuchler sind wahrscheinlich nicht dumm genug, um solchen Kardinalfehler zu begehen.

Für uns alle Mit-Heuchler kommt es immer darauf an, den anderen Heuchler möglichst frühzeitig zu erkennen, zu ertappen. Dass wir dabei gegen eine andere Erkenntnis verstoßen, nämlich bei anderen den Splitter im Auge zu beklagen, aber den Balken im eigenen übersehen, ist doch ein Klax.

Nochmals, C-Menschen aller Länder, seid wachsam! Und am stärksten gegen euch selbst!

Vieles bei meinem Nachdenken lenkt mich in die Vergangenheit. Dabei kann man bei Jetzt-Kritikern sehr schnell ins Fettnäpfchen treten. Sie selbst verlaufen sich oft, verirren sich, weil sie Vergangenes partout mit Verklärung verbinden (müssen?).

Ich kann freilich nicht wissen, wie es anderen Mit-Heuchlern bei diesem Problem geht. Ich bin jedenfalls nicht unglücklich, eine vielschichtige, vielsagende Vergangenheit zu besitzen. Leben in vier unterschiedlichsten Gesellschaftsformen mit unterschiedlichsten Herrschern und Heuchlern. Was für ein Lebenserkenntnisgewinn. Deshalb auch: Nur langes Leben allein muss nicht unbedingt auch immer viel Vergangenheit bedeuten.

Bitte, vielleicht können bei diesem Suchen und nachdenklichem Überlegen noch andere »Vier-Etappen-Erfahrene« für weitere Erkenntnis und Klarheit sorgen.

José Ortega y Gasset, spanischer Schriftsteller und Philosoph, der in der ersten Hälfte des 20. Jahrhunderts am Institut für Humanismus in Madrid lehrte, schrieb 1942 in »Der Übergang vom Christentum zum Rationalismus«: »Die Vergangenheit ist das ein-

zige Arsenal, wo wir das Rüstzeug finden, unsere
Zukunft zu gestalten. Wir erinnern uns nicht ohne
Grund.«

Ich erinnere mich gern an reiches Erleben, auch
Überleben, und zum Gewinn der teils dramatischen
Jahrzehnte gehören auch – ganz ungeheuchelt! – die
letzten einundzwanzig Jahre in einem wiederverein-
ten Deutschland.

So bin ich an der Stelle angelangt, um auch einem
besonders Klugen wie Vergil widersprechen zu können. Der jubelte und bat:

O mihi praeteritos
referat si Jupiter annos!

O gäb Jupiter mir nur zurück
die vergangenen Jahre!

Nee, nee, nee! Nie und nimmer.
    Was war, was ist.
    So ist es gut.
    Und alle Heuchler tun mir eigentlich nur leid.
    Halleluja!

Inhalt

Die DDR-Finanzpolitik, die Währungsunion, die Finanzkrise:
Edgar Most, einst jüngster Bankdirektor der DDR, analysiert und klärt auf.

20 Wochen auf der
Wirtschafts-Bestsellerliste
des Manager-Magazins

JETZT ALS TASCHENBUCH

Edgar Most
Fünfzig Jahre im Auftrag des Kapitals
Gibt es einen dritten Weg?

304 S., brosch.
ISBN 978-3-360-02109-0 | 9,95 €

»Es liest sich gut weg. Es ist keine theoretische Abhandlung, beschreibt aber spannende Details und hilft auch Westdeutschen, einen Blick für den Osten zu bekommen.« (Brandenburgs Ministerpräsident Matthias Platzeck über das Buch, März 2009)

»Ich habe Ihr Buch gerne gelesen, weil ich mit den Diagnosen auch übereinstimme.« (Günter Struve in MDR Riverboat zu Edgar Most)

www.das-neue-berlin.de

Edgar Most ist eine Legende der Finanzwirtschaft ... TAGESSPIEGEL

Politik kontra Finanzindustrie – wer herrscht über wen?

Was tun in der Krise?
Ein Banker aus dem Osten redet Klartext

Edgar Most
Sprengstoff Kapital
Verschwiegene Wahrheiten zum Aufschwung

256 Seiten, brosch.
ISBN 978-3-360-02111-3 | 14,95 €

Im Schatten der Banken- und Finanzkrise stellt sich die Frage: Wie weiter? Sind die Märkte zu regulieren? Ist die Funktion des Geldes pervertiert, gibt es ein Zurück? Kommt der Staatsbankrott? Kurieren hilflose Politiker nur die Symptome einer Krise, die sie mit zu verantworten haben? Scheitert der Euro? Der Wirtschaftsjournalist Steffen Uhlmann befragt den Banker Edgar Most. Seine Antworten liefern unbequeme Wahrheiten über die deutsche und internationale Finanzsituation und die Irrwege der gegenwärtigen Politik. Sie suchen aber auch nach praktikablen Alternativen.

www.das-neue-berlin.de

**Wenn man ihn liest, hört man Oertel reden.
Sein Wortreichtum, sein bildhaftes Ausdrucks-
vermögen, seine Stilvielfalt wirken wie das
Mikrofon, das ihm in seiner Radio-Laufbahn in
den Händen lag.** LAUSITZER RUNDSCHAU

Heinz Florian Oertel
Gott sei Dank
Schluss mit der Schwatzgesellschaft

144 S., geb.
ISBN 978-3-360-01297-5 | 9,90 €

Ein unerhörter Vorgang: Millionen glauben an Peter Hahne
und seine vermeintlich gesellschaftsverändernde Forderung
»Schluss mit der Spaßgesellschaft«. Heinz Florian Oertel
glaubt nicht, sondern fragt nach. Was muss sich, was müssen wir wirklich ändern, damit sich etwas ändert in dieser
höchst änderungsbedürftigen Welt? Oertel gibt Antworten.
Wie Hahne. Aber ganz andere …

www.das-neue-berlin.de

Womöglich schaute man im Westen mit Peter-Scholl Latour in die Welt. Im Osten mit Heinz Florian Oertel.

DER SPIEGEL

Der Mann der klaren Worte
Die aktuelle Debatte um den Zustand der deutschen Gesellschaft

Heinz Florian Oertel
Pfui Teufel
Über Verdrängtes und Vergessenes

144 S., geb.
ISBN 978-3-360-01966-0 | 9,90 €

Heinz Florian Oertel mischt sich erneut mit überraschenden Positionen und Überlegungen in die Diskussion um die moralischen und gesellschaftlichen Werte der Bundesrepublik ein. Er erweist sich wieder einmal als anregender und streitbarer Geist, der auch unbequeme Meinungen nicht scheut.

www.das-neue-berlin.de

ISBN 978-3-360-02110-6

© 2011 Verlag Das Neue Berlin, Berlin
Umschlaggestaltung: Buchgut, Berlin
unter Verwendung eines Fotos von André Kowalski
Druck und Bindung: CPI Moravia Books GmbH

Ein Verlagsverzeichnis schicken wir Ihnen gern:
Das Neue Berlin Verlagsgesellschaft mbH
Neue Grünstr. 18, 10179 Berlin
Tel. 01805 / 30 99 99
(0,14 €/Min., Mobil max. 0,42 €/Min.)

Die Bücher des Verlags Das Neue Berlin
erscheinen in der Eulenspiegel Verlagsgruppe.

www.das-neue-berlin.de